한국 풍수의 원리 ①

한국 풍수의 원리 ①

柳鍾根 · 崔滐周 共著

동학사

머리글을 대신하여

수강 선생님을 모시고 간산(看山)을 나가면 어김없이 이런 말을 들었다.

"두 분은 부자지간인가요?"

굳이 사연을 설명하기 싫어 선생님과 나는 '그렇다'는 듯이 미소로 답하곤 했다. 이런 인연으로 선생님을 모시고 이른바 풍수공부를 한 지 10년이 가까와졌다. 그 사이 신문과 잡지에 선생님의 간산기를 여러 차례 게재했다. 그중 한편인 『신한국 풍수』(동학사)가 외람되게도 소생의 이름으로 발간되기도 했다.

천학비재한 사람이 이제 다시금 선생님과 함께 책을 내게 되었으니 그 부끄러움과 송구스러움을 어찌 말로 다 표현하겠는가. 스승의 그림자도 밟지 않던 옛 사람의 예는 저만큼 버려둔 채 감히 스승의 명성에 어깨를 걸었으니 분명 평생을 두고 흠이 될 일을 저지른 셈이다. 다른 한편 생각하면 이보다 더 큰 영광 또한 없다고 하겠다.

선생님은 글도 빼어나지만 강의가 더 일품이시다. 한번 말문을 여시면 온몸이 마치 떠오르는 태양처럼 붉게 타오르신다. 그 열기에 자칫 가까이 있는 제자들은 화상을 입을 정도다. 강의실이든 간산의 현장이든 선생님의 가르침에 혼쭐이 난 제자들도 한둘이 아니다. 이는 그만큼 학문에 대한 집념은 물론 제자들에 대한 애정 또한 남다르게 강한 탓이셨다. 제자들은 그때마다 선생님의 말씀을 모아 한 권의 저작을 남겨야 한다는 보은의 정을 가꾸어왔다. 그리고 또한 선생님께서 직접 풍수의 대중화를 위한 저작물을 새로이 써주실 것을 간청했다. 이 책은 바로 이 같은 사연을 바탕으로 오래도록 준비되어 이제야 세상에 내놓게 된 것이다.

돌이켜보면 어느 시대든 그 시대를 주름잡는 과학정신이 있게 마련이다. 동양의 경우, 오래도록 풍수로 집약되는 과학사상이 사고와 생활방식을 지배해 왔다. 나라의 수도를 정하거나, 새로운 도시를 건설하거나, 개인적 삶의 자리를 선택하는 데는 물론 모든 건축물을 설계하는 데 있어서도 반드시 그 과학적 근거는 곧 풍수학이었다. 뿐만 아니라 생과 사를 분리하지 않는 동양인의 사고방식은 사후(死後)의 안식처도 지리학을 기준으로 결정했다.

그러나 서양문명의 동점(東漸)이후, 풍수학은 여러 가지 이유로 인해 서양의 과학에게 그 자리를 물려주게 되었고 대신 음지의 비술(秘術)로 전락되고 말았다. 학문의 세계를 벗어난 풍수는 일종의 미신 내지 길흉화복을 점지하는 신탁(神託)처럼 취급됐다. 이로 인해 온갖 잡술이 동원되고 너나 없이 지사(地師)로 지칭하는 세상이 되어버렸다.

"의사가 환자를 잘못 진단하면 그 한 사람에게 화가 미치지만, 풍수가 오판을 하면 한집안 나아가 3대를 망하게 한다"는 것이 수강 선생님의 가르침이셨다.

이론과 학문 체계를 갖춘 풍수학의 재생 없이는 거짓 풍수사를 가려낼 수가 없다. 시류를 타고 시중에 많은 풍수관련 서적들이 출간되었지만 그 중에는 한갓 야담에 지나지 않는 것이 있는가 하면, 무슨 뜻인지 저자도 모르면서 이 책 저 책의 내용을 옮겨놓은 것도 적지 않다. 자칫 선생님의 말씀을 글로 옮길 때 이런 폐단에 먼지를 더하는 우를 범하지 않을까 하는 우려가 없지 않았다.

그런 점에서 이 책은 우선 누구나 쉽게 지리학의 원리에 접할 수 있도록 쉬운 우리말로 표현하는 데 주력했다. 우리말로 정확히 옮기기 어려운 풍수학 고유의 용어들은 함축된 의미를 살리기 위해 그대로 사용했고 역학의 용어들은 한자까지 노출시켰다. 또 지리학이 현장을 바탕으로 한다는 점에서 많은 그림을 이용하는 데 주저하지 않았다. 편제도 초보자에서 전문가에 이르기까지 두루 섭렵할 수 있도록 장 · 절을 세분화했다.

제1편 '풍수학의 기초'에서는 지리학의 역사와 풍수사의 조건, 역(易)의

원리, 간지와 오행 그리고 나경의 원리를 설명했다. 풍수에 관심 있는 이들이 최소한 짚고 넘어가야 할 기초 상식과 이론의 틀을 기술했다.

제2편 '만두형세론'에서는 이른바 산과 물을 보고 지리학의 핵심인 생기를 찾는 원리를 설명했다. 혹자는 만두형세를 파악하는 것으로 지리학을 다한 것으로 착각하기도 한다. 그러나 산과 물의 기가 이기(理氣)에 합당한 것인가를 다시 판단하지 않으면 안된다.

제3편 '천성이기론'은 앞의 '만두형세론'과 표리(表裏)의 관계를 이루는 이론이다. 만두형세가 눈에 보이는 현상을 파악하는 데 반해 천성이기는 눈에 보이지 않는 기의 흐름을 이론으로 검증하는 단계이다. 지리학이 오묘한 학문으로서 자리를 굳히는 것도 바로 이기론을 바탕에 두고 있기 때문이다.

제4편 '장법'은 묘지풍수에 관련된 여러 이론을 집대성했다. 한국지리학의 특징이 가장 잘 드러난 부분이다. 전래의 비서(秘書)들에 담긴 이론과 내용을 소개했다.

제작 여건상 부득이 제1, 2편을 한 책으로 제3, 4편을 한 책으로 하여 2권으로 나누었다. 이 밖에도 지리학의 중요한 분야인 양택론은 별책으로 발간할 계획이다.

앞서 밝힌 것처럼 이 책의 기본 이론은 모두 수강 선생님의 강의가 기초를 이뤘다. 문장에 있어 다소 미흡하거나 잘못된 표현이나 설명은 모두 천학비재한 소생의 잘못임을 밝혀둔다. 강호제현의 질정을 기대한다.

끝으로 이 책이 상재(上梓)되기까지 물심양면으로 조언을 아끼지 않은 이수학회 회원 여러분께 감사드린다. 또 어려운 출판사정에도 불구하고 흔쾌히 출판을 맡아주신 동학사 유재영 사장님과 편집부 여러분께도 심심한 사의를 표한다.

1997년 새날이 열리는 날

수강 선생의 말제자 최영주 삼가 쓰다.

한국 풍수의 원리 ①

제1편 풍수학의 기초

제2편 만두형세(巒頭形勢)

제1편 풍수학의 기초

제1장
풍수의 개념

제1절 풍수란 무엇인가

일반적으로 부르는 풍수란 말은 '풍수지리학'의 줄인 말이다. 지학(地學), 감여(堪輿)라고도 하는데 국제적 학술용어로는 중국 북경어의 풍수(風水:Feng Shui)를 그대로 사용한다.

먼저 풍수라는 말에서 풍(風)은 기(氣)와 정(精)을 뜻한다. 수(水)는 피〔血液〕를 뜻한다. 따라서 풍수란 천지(우주와 같은 말)의 기와 정, 그리고 혈을 다루는 학문이라고 하겠다. 다른 한편 풍은 건조(乾燥), 수는 습기(濕氣)로서 온도와 습도를 의미한다. 그러나 여기서 온도와 습도는 일반적 의미의 그것이 아니라 지구상의 수많은 환경요소들을 대칭(代稱)하는 넓은 뜻을 담고 있다.

따라서 풍수란 곧 환경을 다루는 학문이라고 할 수 있다. 동양에서는 온도를 양(陽)이라 하고 습도를 음(陰)이라고 하여 풍수라고 하면 곧 음양의 학문으로 통하게 되었다. 이로 미루어 보아 음과 양이 풍수학의 요체가 된다.

두번째 감여라는 용어는 '큰 가마'라는 뜻이다. 이는 모든 환경 요소들을 큰 가마 속에 집어넣어 분석하여 사람들의 삶에 좋은 영향이 되도록 조치한다는 의미를 담고 있다.

셋째 지학이라는 말은 '지리학'의 준말로 산과 물(환경요소의 뜻)의 품세와 동정(動靜:변화의 과정)을 연구하여 우리의 생활에 영향을 주는 좋은 것과 나쁜 것〔吉凶禍福〕을 판별하는 학문이라는 뜻이다.

제2절 풍수의 목적

모든 학문이 그러하듯이 풍수학도 자연의 법칙을 연구하여 사람의 삶의 질을 높이는 데 그 목적이 있다.

우주 안에 있는 모든 것들은 한시라도 멈춤이 없이 계속하여 변화한다. 따라서 이 안에서 살아가는 인간이 변화하는 법칙을 알고 이에 대처해간다면 생활에 큰 도움이 될 것은 말할 것도 없다. 우주에는 인간과 만물의 삶에 필요한 여러 요소들이 있다. 이것을 환경이라고 하는데 이 환경의 생성(生成)과 변천에는 변할 수 없는 법칙이 있게 마련이다. 이 법칙을 동양에서는 음양(陰陽) 오행(五行)의 법칙이라고 한다. 이런 사상의 밑바닥에는 우주 전체가 하나의 잘 짜여진 조직으로서 어떤 규율 아래 움직인다는 생각이 담겨져 있는 것이다. 그러므로 우주의 만물 중에 하나인 인간도 정해진 자연법의 테두리 안에서 이 법칙을 최대한 활용함으로써 행복한 삶을 기약할 수 있다고 본다. 풍수학은 바로 이 법칙을 연구하여 사람(즉, 인류)이 처한 현재의 삶을 점검하고 다가올 미래를 예측하여 적절한 대비책을 강구하는 미래지향의 학문이라고 하겠다.

구체적으로 풍수가 다루는 분야를 살펴보면 넓게는 국토의 이용 계획, 지역(地域) 관리에 관한 사업, 도시 및 촌락의 위치 선정과 유형(類型)의 결정, 도시 관리에 관한 사항 그리고 군부대의 주둔지 선정과 방호에 관한 사항 등을 들 수 있다. 또 좁게는 주거 및 주택 설계, 사후의 묘지 선정에 관한 사항을 정하는 데도 널리 이용되고 있다.

그런가 하면 사람과 관련, 그의 활동영역에 영향을 미치는 인성(人性)이 환경의 산물이라는 점에서 인사문제, 사업장의 배치 등에도 깊은 영향을 미치고 있다. 그런 점에서 풍수는 가위 삶의 전 영역에 두루 관계하지 않는 분야가 없다고 하겠다.

제3절 풍수의 역사

풍수의 기원에 대해서는 여러 설이 있다. 인류 초기의 생활상은 수렵 채취였다. 자연의 재해로부터 자신을 보호하고 종족을 보존하기 위해서는 집터는 물론 삶의 터를 고르지 않으면 안 되었다. 비록 원시인들이 본능적으로 삶의 터전을 찾았다고 하더라도 그것은 오늘날 말로 표현하자면 곧 풍수적 지혜였다고 하지 않을 수 없다. 이를 두고 우리는 원시풍수라고 한다. 그로부터 인류문명의 발달과 함께 풍수 또한 발전을 거듭하게 되었다.

우리나라의 경우, 풍수가 사상적 체계를 갖추고 역사에 등장하기 시작한 것은 삼국시대로 추정된다. 학문으로서 완성을 보기는 도선(道詵:신라 말 고려 초의 승려로 호는 玉龍子)에 이르러서였다는 것이 일반적 통설이다.

그러나 우리나라의 문화적 특성을 고려할 때 풍수학 또한 중국으로부터 수입되어 우리나라 고유의 풍수에 변질을 가져왔다고 봐야 한다.

중국의 풍수가 학문적 품세를 갖추기 시작한 것은 음양설이 도입된 한대(漢代)라고 하겠다. 이때 최초로 『청오경(靑烏經)』이라고 하는 경전이 저술되었기 때문이다. 이후 동진(東晉)의 곽박(郭璞:호는 景純)이 『장경(葬經)』을 지어 풍수사상의 체계를 바로 세웠다. 이 두 책을 근원으로 하여 당대(唐代)에 이르러 풍수사상의 커다란 학문적 발전을 가져왔고, 송대(宋代)에 이르면 학문적 완성을 이루게 된다.

『청오경』의 저자 청오(靑烏:또는 적송자라고도 한다)와 곽박 그리고 장자미(張子微:『옥수용경』의 저자)를 일러 풍수삼사(風水三師)라고 한다.

중국 풍수학의 사상적 체계는 크게 둘로 나뉘어진다. 그 하나는 형가(形家:중국 강서성 지방에서 유행한 탓으로 江西法이라고도 한다. 또 巒頭形勢라고도 한다)로서 산천의 생김새를 주로 관찰한다. 다른 하나는 법가(法家:중국 복건성 지방에서 유행하여 福建法이라고도 한다. 또는 天星理氣라고도 한다)로서 역괘(易卦)를 중심으로 본다.

그러나 풍수라고 하는 학문은 만두형세와 천성이기가 따로따로 독립하는 것이 아니라 체(體)와 용(用)으로서 오직 하나의 논리일 뿐 주종의 구별이 있는 것이 아니다.

곽박이 말하기를,

"만두여천성(巒頭與天星) 중화이후성격(中和而後成格)

--- 〈도기불상리(道器不嘗離)〉

불론(不論) 형세이 전논방위불가(形勢而 專論方位不可)

---〈기부자성의맥이립(氣不自成依脈而立)〉

이형세이 불론 방위역불가(以形勢而 不論 方位亦不可)

---〈맥유적이기무형(脈有跡而氣無形)〉"

라고 하여 형세와 이기가 둘이 아니요, 합하여 하나일 뿐임을 강조하였다.

우리나라에서는 앞서 언급한 도선(道詵)을 시작으로 무학(舞鶴 또는 無學)으로 학문적 맥을 이었고 맹사성(孟思誠 1360~1438), 서거정(徐居正 1420~1488), 서경덕(徐敬德 1489~1546), 남사고(南史古:생몰연대 미상. 조선중기 활동), 일지(一指), 성지(性指), 송암(松岩) 등 뛰어난 유학자는 물론 고승들이 맥을 이루어 왕조의 정책기조를 닦았을 뿐만 아니라 민생의 터전을 마련하는 데 크게 기여했다.

그러나 일제가 이 땅을 강점, 36년을 지배하면서 풍수를 미신으로 몰아 학문의 세계에서 배척하게 만들었고 뒤이어 광복 후 서구사상의 전횡으로 인해 반풍수적 병폐만 성행하게 되었다. 그 결과 바른 학맥을 이어받은 풍수학자는 재야에서 소리없이 명맥을 이어왔고 그 숫자도 지극히 적은 수에 불과하게 되었다.

그러나 역사를 돌이켜보면 참다운 것은 뿌리마저 뽑히는 일이 없다. 다만 시절 따라 잎이 피고 질 뿐이다. 인간이 풍수학을 멀리한다고 하여 풍수의 이치가 없어지는 것이 아니다. 다만 이로 인한 피해가 인간에게 돌아오고 있다는 데 문제의 심각성이 있을 뿐이다.

제4절 풍수의 본질

풍수의 본질은 생기(生氣)와 감응(感應)이다. 생기란 음양오행의 기가 발양(發揚)하는 방법에 따라서 바람이 되기도 하고 구름이나 안개가 되기도 하며 또는 비나 이슬이 되기도 한다. 이 기가 땅 속〔地中〕으로 흐르면 생기가 된다. 이 기의 상태에 따라서 만물이 생(生)하기도 하고 멸(滅)하기도 한다. 즉 기는 만물의 생성(생멸과 같은 뜻)을 주관하는 주체이며 삼라만상의 구경적(究竟的) 존재이다.

감응이란 사람은 천지와 더불어 하나이며 같은 기〔同氣〕를 누린다는 의미를 담고 있다. 풍수에서는 음양오행의 기를 본질로 하여 이 기의 상태, 즉 후박(厚薄) 소장(消長)에 따라 자연은 물론 사람도 생성 변화한다고 본다. 이를 부모와 자손의 관계로 말하자면 부모는 나무의 뿌리〔本體〕와 같고 자손은 나무의 가지〔遺體〕에 해당한다. 나무가 뿌리가 깊고 단단하면 가지가 번성함과 같이 사람도 조상의 장기(葬氣)의 길흉이 후손에게 화복으로 이어진다는 것이다.

이것을 풍수에서는 생기감응(生氣感應)과 동기감응(同氣感應)의 법칙이라고 한다. 다시 이들 두 가지 감응은 동기상응(同氣相應)이라는 하나의 법칙으로 요약된다.

따라서 목기(木氣)를 많이 접한 사람은 어질고〔仁〕, 금기(金氣)를 많이 접하면 의롭고〔義〕, 수기(水氣)를 많이 접하면 음탕해진다. 여기에서 기에 접하는 방식에는 사람이 직접 접하는 방법과 부모의 유체를 통하여 간접적으로 접하는 방법이 있다.

그러나 여기에서 보다 분명하게 밝혀둬야 할 것은 풍수학을 모르는 원시인들도 살아가기 위해 본능적으로 풍수를 이용했다는 점이다. 산과 물, 바람의 방위, 해가 뜨고 짐으로 생기는 일조시간, 토양의 성질 등은 삶의 요건이기는 하나 형이하학적(形而下學的)인 과학의 분야이다. 이에 비해 풍수는 우주 전체를 하나의 조직으로 하는 기를 본질로 하여 만상동근(萬象同根)과 같은 기는 서로 감응〔同氣相應〕한다는 철칙(이를 法理라 한다)을 근본으로 삼는다는 것이다.

제5절 풍수의 사상체계

풍수는 생기와 감응을 근본으로 한다는 것을 앞서 지적했다.

그러면 어떤 방법으로 기의 상태를 판별하고 삶의 화복에 감응시키느냐가 문제로 남는다. 이에 대한 해답은 간단하다고 할 수 없다. 어찌 보면 이 책의 전부가 이에 대한 대답을 담고 있는 셈이다.

그러나 간단하게 요약한다면 풍수의 4대 과목인 용(龍)·혈(穴)·사(砂)·수(水)의 품세를 보고 역리(易理)를 추산(推算)하여 기의 상태를 마음으로 살펴서(이를 會得이라고 한다) 좋은 곳을 고르고, 나쁜 곳은 피하면 되는 것이다. 또 자연으로 생성된 환경 요소에 인공(人工)을 더하여서 흉한 기를 좋은 기로 바꾸면 된다.

바꿔 말하자면 겉모양을 살펴서 거기에 감추어진(눈으로 보이지 않는다는 뜻) 기의 상태를 분별하고 좋지 못한 점이 있으면 인공으로 개조하여 좋은 곳으로 만든다는 것이 골자이다. 즉 판별과 개조가 풍수의 고유 기술이라고 하겠다.

먼저 겉모양의 좋고 나쁨을 간단하게 살펴보자.

풍수에서 용·혈·사·수를 살펴보는 과정을 특히 간산(看山:觀山이 아님)이라고 한다. 간(看)이란 글자는 자세하게 분석하여 대처한다는 뜻이 있다. 따라서 간산이란 간룡(看龍)·심혈(審穴)·수사(收砂)·납수(納水)를 망라하여 총체적으로 길흉을 판단한다는 뜻이다.

좋은 명당 터에는 좋은 산, 좋은 물, 좋은 바람이 서로 어울려 밝은 터를 만들고 좋지 못한 터에서는 흉산 · 흉수 · 흉풍이 서로 충돌하여 거칠고 메마른 땅을 보여준다.

길흉 판별의 기본요소는 기(氣) · 질(質) · 색(色) · 향(香)이다.

1. 산수의 길흉

좋은 터는 산 · 수 · 풍이 모두 좋은 것으로 보국(保局:터를 감싸고 있는 주위의 산과 물을 총칭)이 조화가 잘 되고 경사가 급하지 않다. 그러므로 보기에도 안정되어 위엄이 있고 빛깔도 금빛이나 자주색으로 밝은 빛을 띤다. 이렇게 되면 땅의 표면이 단단하여 활엽수나 잡초가 없게 된다.

흉한 터는 산 능선의 경사가 급하고 기복(起伏)과 굴곡이 미친 것처럼 방향 감각을 잃고 이리저리 달린다. 당연히 지표면도 갈기갈기 찢어지거나 습하고 무력하여 활엽수나 잡초가 무성하게 자란다. 땅의 색깔은 대개 어둡다.

물은 생수(生水)를 가장 길한 것으로 친다. 이는 맑고 깨끗하며 물맛도 좋다. 물의 흐름은 완만하다.

2. 바람과 토석(土石)의 길흉

바람은 맑고 훈훈하며 조용하고 따뜻한 것이 좋다. 탁하고 강하며 차가운 바람은 흉이다. 예컨대 질풍(疾風)·직풍(直風)은 흉에 속한다.

흙과 돌은 빛이 아름답고 윤택이 나며 모양새가 단정한 것을 길로 친다. 빛깔이 더럽거나 모양이 보기에 흉하거나 자갈과 모래가 섞인 것은 흉이다. 특히 차돌이나 흰빛의 돌은 꺼린다.

간산의 요령을 요약하면 다음과 같다.

간산
- 형세(形勢): 간룡(看龍)·심혈(審穴)·수사(收砂)·납수(納水)
- 이기(理氣): 천(天: 시간)·지(地: 공간)·인(人: 무엇)

언제, 어떠한 곳에, 무엇을, 어떻게 하여야 길하고, 흉한 것을 피할 수 있는가라는 것이 요건이다.

제6절 풍수 관련 서적과 풍수사의 요건

풍수공부를 제대로 하려면 자격 있는 풍수사의 지도와 바른 책이 절대적으로 요구된다. 그러나 서적과 법맥(풍수사의 사제관계)에는 참과 거짓이 뒤섞여 있어서 분간하기가 쉽지 않다. 당연히 잘못된 책과 법통을 제대로 잇지 못한 풍수사로부터는 처음부터 올바른 공부를 기대하기 어렵다.

1. 풍수서적

· 도선풍수문답(道詵風水問答): 고려국의 왕사 도선의 저서. 중국 풍수와 우리나라 풍수의 차이점을 기술하고 나아가 풍수지리 전반에 대해 자세히 기록했다. 실용성에 치중한 것이 특색이다.

· 구천현녀비경(九天玄女秘經): 도선(道詵)의 저술. 선후천의 법칙을 풀이한 것으로서 가위 역〔易經〕의 혁명이라고 일컬을 수 있다. 박상의가 주해하였다.

· 청오경(靑烏經): 중국 한(漢)나라 청오자의 저서. 『장서(葬書)』의 원전으로서 풍수 전반에 걸쳐 간결하게 설명하고 있다. 당나라 양균송(楊筠松, 호는 救貧)이 주석을 달았다.

· 장서(葬書): 동진(東晋)의 곽박(郭璞)이 저술한 책. 『청오경』에 비하여 서책의 체제를 갖추고 있다. 내용도 확대되고 보다 구체적인 설명이 많다. 『금낭경(錦囊經)』으로도 불린다.

· 설심부(雪心賦): 당나라 복응천(卜應天)의 저서. 전 4권으로 맹호천(孟浩天)이 주석했다. 『장서』와 함께 필독서.

· 감룡경(撼龍經)과 의룡경(疑龍經): 당나라 양균송(楊筠松)의 저서. 구성용법(九星龍法)과 심혈(審穴)의 지침서.

· 발미론(撥微論): 송나라 채목당(蔡牧堂)의 저작. 음양의 오묘한 이치를 망라한 정혈(定穴)의 지침서다.

· 설천기(泄天機): 송 요우(寥瑀: 당나라의 요우와 동명이인)의 저술. 본원가(本源歌), 입식가(入式歌), 구성묘용(九星妙用) 등 실로 풍수의 지남(指南)이라고 할 만한 귀한 저서다.

· 옥수용경(玉髓龍經): 송나라 장자미(張子微)의 저술. 용(龍)에 대해 자세히 기술하고 있다. 형국(形局)의 지침서라고 할 수 있다.

· 인자수지(人子須知): 명나라 서선계(徐善繼)·서선술(徐善述) 형제의 저서. 이름 그대로 풍수의 입문서라 할 수 있다. 특징은 구체적인 지역을 들어 자세히 설명하고 있는 점이다.

· 나경발무(羅經撥霧): 저자는 청의 섭구승(葉九升)이다. 천성이기론을 다룬 필독서다.

이 밖에도 『직지원진(直指原眞)』『탁옥부(琢玉斧)』『지리오결(地理五訣)』 등은 공부가 깊어진 다음에 참고로 할 만한 책들이다.

2. 풍수사의 자격

선사들은 "풍수학이란 학문은 수양이 잘된 사람〔君子〕이 배워서 익히면 백성을 행복하게 할 수 있으나 마음씨가 바르지 못한 사람〔小人〕이 알게 되면 남의 재물이나 축내는 사기꾼을 만들기 십상이다. 그러므로 꼭 전수하여야 할 사람에게 전하지 아니함도 죄요, 가르쳐서는 안 되는 사람에게 가르쳐준 것도 죄가 된다"고 했다.

올바른 풍수사가 되려면 다음의 조건을 구비해야 한다.

· **정법전수(正法傳受)**: 정통성 있는 법맥을 이은 명사에게 바른 법을 전수받아야 한다. 풍수란 구전심수(口傳心授)를 전제로 하는 학문이니 절대로 독학은 불가능하다. 앞에서 말한 좋은 책들도 구전이 없이는 완전하게 받아들이지 못한다. 대개의 서책이 아주 중요한 부분은 적당하게 얼버무렸거나 심하면 고의적인 탈자(脫字)나 오자(誤字)가 있음도 알아야 한다.

항간에는 깊은 산 속에서 기도로 개안(開眼)하였다는 사람도 있고, 자칭 기를 느끼고 본다는 사람도 있다. 그런가 하면 독학에 의해 풍수를 알게 되었다고 과장하는 사람이 있는가 하면 심지어는 산신이 직접 지도한다고 주장하는 부류도 있다.

그러나 풍수란 귀신놀음도 아니요 점술도 아니다. 서책을 스승 삼고도 어렵거늘 어찌하여 무사자오(無師自悟)라고 거짓말을 하겠는가. 그 앙화가 그대 자손과 후손에게 미침을 아는가. 실로 불쌍한 일이라고 하지 않을 수 없다. 구전심수는 귀신놀음과는 하늘과 땅 만큼이나 큰 차이가 있다. 또한 기를 감지한다고 하여 그것이 바로 풍수로 통하는 것이 아니라는 점을 깊이 깨우쳐야 한다.

· 심령사교(心靈思巧): 혈이란 원초적으로 천지신명의 소유이다. 풍수에 뜻을 둔 사람은 먼저 마음이 허허영령(虛虛靈靈)하기에 힘써야 한다. 돈을 벌어보겠다는 생각, 천하의 큰 명당을 얻겠다는 생각은 버려야 한다. 그러기에 두사충(杜思忠) 선사는 "개안(開眼)이 어려운 것이 아니라 마음 다스리기가 더욱 어렵다"고 했다.

설혹 개안이 되었다고 하여도 마음이 산란하면 산이 보이지 않는 것이다. 이런 지경에 이르면 몇 날 며칠이고 마음을 다스리는 공부에 힘써야 다시 밝아진다.

· 다간선적(多看仙跡): 선사의 소점(所占)으로 세월이 오래 지나(최소한 1백년) 좋은 일 나쁜 일을 기록상으로 증명할 수 있는 명당을 찾아서 그 연유를 찾아보고 내가 배워서 익힌 법과 맞는가를 공부해야 한다. 그러다 보면 눈도 밝아지고 풍수학에 대한 믿음도 생긴다. 반드시 명혈이어야 한다. 공부의 처음 단계에 명혈이 아닌 망지(亡地)를 보아서는 안 된다.

속담에 '방안 풍수'라는 말이 있다. 만 권 서적에 막힘이 없이 논리적으로 법을 터득했다고 해도 산에 가면 깜깜한 부류를 일컫는 말이다. 풍수사란 논리가 정연하여 법칙에 능통해야 하지만 한편으로 산 보는 눈이 밝아야 한다. 산안(山眼)이 밝지 못한 이론가를 일러 '방안 풍수'라고 한다. 또 산은 나름대로 혹 맞추기는 하나 법리가 없는 사람을 일러 '작대기 풍수'라고 한다. 양자가 모두 정(正)이 아니다. 많은 선적지를 찾아 눈을 밝히도록 힘쓸 일이다.

· **독서명리(讀書明理)**: 스승에게 법리를 배운 다음에는 풍수의 모든 책을 읽어서 산리(山理)에 밝아야 한다. 따라서 되도록 많은 책을 접하되 개중에는 저작자 또는 사본하는 자의 고의 또는 실수로 오자나 탈자가 있다는 점에 유의해야 한다. 그러니 글자 한두 자에 얽매이지 말라. 산리가 없는 산안은 한계가 있게 마련이다. 무식한 풍수사란 있을 수 없는 일이다. 배우기에 힘쓰라.

· **전심치지(專心致知)**: 풍수사란 본래 살신성인(殺身成仁)까지는 못하여도 국가와 민족의 운명을 마음속에 간직하고 큰 일을 위해 봉사하는 직업이다. 모름지기 혈의 감별에만 전념하고 두 번 세 번 검토한 다음에 결정을 내려야 하되 냉정하게 사실을 밝혀주어야 한다. 오직 혈에만 마음을 전일하게 하여야 한다.

모든 일을 잘 아는 명사(明師)라 하더라도 산에 오를 때는 점검표를 휴대하는 것이 좋다. 아홉 가지를 잘 해도 하나를 실수하면 일을 그르친다. 전심하여라.

· **정심수덕(正心修德)**: 마음씀이 맑고 밝아야 풍수사이다. 모름지기 당지의 합도(合度) 여부에만 마음을 모아야 한다. 능

력을 과장하기 위한 점쟁이식도 안 되며 상대편의 신분에 마음이 달라져서도 안 된다. 만에 하나라도 남의 일을 망지에 소점하게 하면 풍수사 자신에게 화가 미침을 기억해야 한다.

혈이란 마음의 눈으로만 찾을 수가 있는 신령한 것이다. 명당은 신명(神明)의 소유인데 풍수사 자신에게 도덕적으로 큰 결함이 있다면 그에게 명지를 주겠는가.

제7절 풍수에 쓰이는 기본용어

풍수학에서만 쓰이는 특별한 용어들이 많다. 가장 중요한 몇 가지를 들어서 설명하고 자세한 내용은 해당하는 장과 절에서 구체적으로 설명하겠다.

· 음지(陰地): 죽은 이의 묘지가 자리한 어느 정도의 공간이다. 시신이 묻힌 묘는 음택이라고 한다.

· 양기(陽基): 동네나 도시의 터를 말하며 한 채의 집은 양택이라고 한다.

· 용(龍): 기복(起伏)하고 굴곡하는 능선을 말한다. 흡사 용이 조화를 부리는 것처럼 변한다는 뜻에서 비롯됐다. 또 용은 구름과 물을 필수로 한다는 뜻을 담고 있다.

· 맥(脈): 앞서 설명한 용은 산 모양에 따른 것이고 맥은 생기의 측면에서 이름지은 것이다. 비유하자면 용이 팔이나 다리라면 맥은 경락(經絡), 신경, 혈관이라고 할 수 있다. 산의 분

수척(分水脊:물이 갈라지는 선)이 맥의 길이다. 따라서 맥에는 가지가 없다.

· **절(節)**: 마디라는 뜻. 산을 나무에 비유하자면 마디는 한 해 동안에 자랄 싹이 트는 곳으로 용맥이 일기일복(一起一伏)하거나 좌굴우곡(左屈右曲)하면서 가지를 분출하여 새싹이 돋는 부위에 해당한다.

· **기(氣)**: 사람의 기가 12개의 경락을 따라서 흐르듯이 산과 물의 기도 용맥을 따라서 흐르기도 하고 멈추기도 한다. 또 기는 생왕(生旺)한 기와 패절(敗絶)한 기로 구분하나 자세하게는 역괘(易卦)와 오행(五行)으로 구분하고 흐름과 멈춤을 판별한다.

· **영(影)**: 물체에 따라 그림자가 생기듯이 앞에서 말한 기 역시 그림자를 만든다. 그러나 얼핏 보아서는 없는 것으로 여겨지므로 마음의 눈으로 조용하고 조심성 있게 살피면 있는 듯하다가 없고 없는 듯하다가 보이곤 한다.

· **혈(穴)**: 침구학(鍼灸學)에서 따온 말로 경락의 요처인 침을 꼽는 자리를 뜻한다. 풍수에서는 기가 모이는 곳으로서 묘를 쓰거나 집을 짓는 자리를 말한다.

· **태조산(太祖山)**: 용맥이 시작되는 산으로 사람에게 있어 시조 할아버지와 같다. 우리나라의 태조산은 물론 백두산이다.

· **소조산(少祖山)**: 주산(主山)이라고도 한다. 태조산에서 시작한 산줄기가 행도(行度:높았다 낮았다 혹은 넓어졌다가 좁아졌다 하면서 움직이는 산의 모습)하다가 판을 만들기 위해 재기성봉(再起星峰:용이 가다가 다시 일으킨 산봉우리)하고 판(국이라고도 한다)을 짜기 위해 개장(開帳:좌우로 양팔을 벌

려서 혈자리를 포옹하는 것)하는 산으로서 사람에게 있어 할아버지와 같다.

· **부모산**(父母山): 혈을 맺는 산(穴星이라고 함)의 1절(一節:한 마디) 뒤에서 다시 봉우리를 이룬 산. 사람에게 있어 부모와 같다. 부모산을 주산이라고 할 경우도 있다.

· **입수**(入首): 부모산과 혈성(穴星)을 잇는 일련의 맥을 말한다. 풍수에서 가장 중요한 부분이다. 입수라고 하는 것은 혈성을 용의 머리 부분에 비유하고 용맥을 용의 몸통 부위에 비유하여 목(項,즉 입수) 부위에 해당한다는 뜻과 생사의 요긴처라는 뜻에서 붙여진 이름이다. 항간에서는 뒤에 설명할 승금(乘金)과 입수를 혼동하는 경우가 있으나 입수는 용에 해당하고, 승금은 혈의 소속임을 구별할 줄 알아야 한다.

· **혈성**(穴星): 용의 머리 부분에 해당하는 산으로서 혈이 소속된 산의 성체(星體)를 가리킨다.

· **용호**(龍虎): 혈의 좌우에 있는 산으로서 사람의 두 팔과 같다. 앞을 향했을 때 왼팔을 청룡이라 하고 오른팔을 백호라고 한다.

· **명당**(明堂): 혈 앞에 물이 모이는 곳. 양택의 마당에 해당하는 곳으로 소·중·대의 구별이 있다.

· **사**(砂): 판〔局〕의 전후좌우에 있는 산과 물을 모두 가리킨다.

· **득파**(得破): 판 안으로 물이 처음 들어오는 지점을 득(得)이라 하고 판 안에서 판 밖으로 물이 흘러 빠지는 지점을 파(破)라고 한다. 내득내파(內得內破)와 외득외파(外得外破)의

구별이 있다.

· **안산(案山)**: 혈 앞에 가장 가까운 산. 사람이 사용하는 책상과 같다. 서울 경복궁의 안산은 남산이다.

· **조산(朝山)**: 안산 너머에 있는 산들을 모두 가리킨다. 서울시의 조산은 관악산이다.

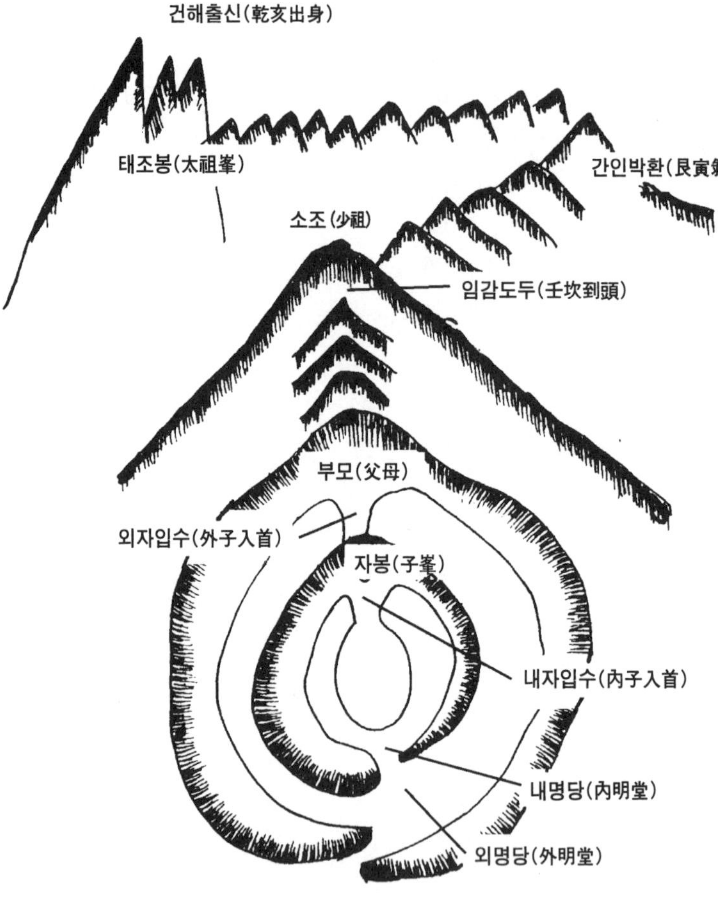

용(龍)과 혈(穴)의 부위 구분도(部位區分圖)

제2장
풍수와 음양

제1절 총설

풍수학은 생기와 감응에 바탕을 두고 성립된 학문이다. 생기는 단순하게 토양이나 일조(日照)의 조건에 따라 소장(消長)하는 것이 아니라 오직 음양과 오행〔二五精靈〕으로서만 말할 수가 있는 형이상학적인 조건이다. 또 감응의 법칙은 도리(道理)로서만 입론할 수가 있다.

따라서 풍수학은 용·혈·사·수의 음양 충화(沖和:음과 양의 짝지음 관계)와 생기의 순화를 따지는 학문이다. 토양의 산도나 일조시간의 길고 짧음, 그리고 수분의 함유율 등 이른바 과학적인 방법만으로는 한계가 있다.

음양의 해석은 이렇다. 천원지방(天圓地方)이나 천동지정(天

動地靜)이란 말에서 볼 수 있듯이 원(圓)과 동(動)은 양(陽)에 속하고 방정(方靜)은 음(陰)에 속한다. 이에 따라 산은 움직이지 않고 있으니 음이 되고, 수는 동하여 흐르니 양이 된다.

그러나 음과 양은 절대적인 것이 아니라 상대적인 것이다. 산을 다시 음산과 양산으로 구분하고 물 또한 음수와 양수로 나뉜다.

산의 음양 구분은 음강양유(陰剛陽柔)다. 높고 험한 것은 음이 되고 평평하고 유순한 것은 양이 된다. 즉 뾰족하거나 경사가 급하거나 좁은 것은 음산이다. 경사가 완만하고 평평하며 넓은 것은 양산이다.

여기서 주의할 것은 음양이란 기적(氣的) 측면이고 생김새에 치중하여 말할 때는 뾰족하고 높고 험한 산을 웅(雄)이라고 하며 평평하고 널찍하여 안정된 산을 자(雌)라고 한다는 점이다. 즉 자웅과 음양은 기냐 형이냐에 따라 달라진다.

이 밖에도 양승음강(陽昇陰降)의 음양, 간양지음(干陽支陰)의 음양, 팔괘본체(八卦本體)의 음양, 정음정양(淨陰淨陽)의 음양 등의 구별이 있다.

풍수학에서는 형(形)은 중(中)이요, 이(理)는 화(和)라고 한다. 중화는 체용(體用)이다. 중은 풍수의 뿌리이고 화는 풍수의 묘용(妙用)이다.

제2절 역괘(易卦)

역(易)은 자연의 운행질서 및 삼라만상의 근본원리를 64괘라고 하는 틀 속에 넣은 것이다. 우주 안에 있는 모든 것은 서로 관련성을 갖고 상호작용을 한다. 천(天)의 기에 따라 지(地)의 품세가 이루어지고 또한 지의 기에 따라서 천의 형상도 바꾸어지게 된다. 즉 천의 운행이 지에 영향을 주고, 지의 기는 천에 영향을 주어서 서로를 변화시키면서 순환을 이어가고 그 사이에 사람으로 대표되는 삼라만상이 천지의 교감에 영향을 받고 다시 천지에 영향을 미치게 된다.

이것을 상호 교감작용이라고 한다. 이 교감작용을 끊임없이 되풀이하는 것이 도(道)이다. 다시 말해 상관성을 갖고 순환하며 변화하는 것이 도이다. 주역에서 말하기를 "일음일양지위도(一陰一陽之謂道)"라고 하여 낮이 가면 밤이 오고 밤이 새면 낮이 되는 이치가 곧 도이다. 그리하여 역에는 변역(變易)·불역(不易)·호역(互易)·간이(簡易)의 뜻이 있다.

제3절 삼역(三易)

역에는 중국 하(夏)대의 연산역(連山易), 은(殷)대의 귀장역(歸藏易) 그리고 주(周)나라의 주역(周易)이 있다.

(1) **연산역(連山易)**: 하나라 때에 생긴 역으로 인월(寅月)을

세수(歲首: 한 해의 첫 달)로 하고 중산간괘(重山艮卦)를 수괘(首卦)로 했다고 한다. 천원인통(天元人統)의 역이라고도 하나 정확하게 고증할 길이 없다.

(2) **귀장역(歸藏易)**: 은나라 때에 축월(丑月)을 세수로 하고 만물의 모체가 땅이라는 생각으로 중지곤괘(重地坤卦)를 첫괘로 하였다고 한다. 지원지통(地元地統)이라고 하나 이 또한 정확한 고증이 불가능하다.

(3) **주역(周易)**: 주나라 때 완성한 것으로 삼라만상을 천(天)의 도가 거느린다고 하여 중천건괘(重天乾卦)를 첫괘로 한다. 세수를 자월(子月)로 삼아 인원천통(人元天統)이라고 한다.

이렇게 볼 때 세 역의 세수와 역명의 이치가 상통한다는 점을 알 수 있다. 그런데 세 역의 시대 순서는 인통 · 지통 · 천통으로서 천지인 삼재의 역순임을 알 수 있다. 나경(羅經)도 이 삼역의 이치를 따라 구성되었음을 알 수 있다.

제4절 역의 원리

주역 계사전에 "태극이 있어 양의(兩儀)를 생하고 양의가 사상(四象)을 생하며 사상이 팔괘(八卦)를 성(成)한다"고 했다. 이는 곧 일매생이(一每生二)의 원리에 의해서 이루어졌다는 말이다.

태극 이전에는 천지도 없고 천지가 없으니 또한 만물이 있을 수가 없어 오직 일리(一理)가 있었을 뿐이다. 이 일리가 곧 태극이요, 태극이 곧 이기(理氣)의 근원이니 천지만상이 태극으로부터 화생(化生)하고 태극으로 반본(返本:근원으로 돌아감)한다.

풍수도 이기의 본원인 태극에 바탕을 두고 산천의 생성과 반본을 추구하여 길흉을 정하는 법이다. 이 생성과 반본의 도를 본뜬 것이 나경이다.

만물의 근원인 태극이 한번 동(動)하고 한번 정(靜)한 것이 양의(兩儀)이다. 이 음과 양이 서로 교합(이를 충화라고 한다)하여 사상(四象)을 생하고 사상은 팔괘를 이룬다. 팔괘가 거듭하여 64괘가 된다.

이제 이 순서에 따라 기본 원리를 살펴보자.

1. 태극

앞에서 설명했듯이 태극은 삼라만상의 본원으로서 만상이 나오고 돌아가는 것이 모두 태극에 연유한다. 또한 태극에는 만물을 함유한다는 공간적인 의미와 처음부터 끝까지라는 시간적인 뜻을 포함하고 있다.

태자(太字)는 일에서 이〔人〕가 생기고 그 이가 음양교합하여 또 다른 하나를 낳는다는 형상을 보여준다. 극(極)은 목(木)이 빠르게 분열하고 생장한다는 뜻을 가지고 있다. 따라서 태극설은 일원론적(一元論的) 삼원론(三原論)으로서 만상은 태극의 씨앗을 받아 생명활동을 하고 소멸되어서는 태극으로 돌아간다.

그러므로 태극은 만물의 부모〔統體太極〕이며 만물은 태극의 소생〔各具太極〕으로서 둘이면서 하나요, 하나이면서 둘인 체용(體用)일 뿐이다.

이렇게 보면 태극이 생음양(生陰陽: 이는 태극의 측면에서 본 것)하고 음양이 함태극(含太極: 만상의 측면에서 본 것)한다.

무극(無極)은 중심이 없어 처음과 마침이 없는 둥근 상으로서 태극의 체이고 태극은 중심이 있어 한 획(∼)을 이룬다. 처음과 마침이 있고 일생이(一生二)의 이치가 있어 무극의 용이다. 무극이 곧 태극이요, 태극이 곧 무극이니 체용의 관계일 뿐이다.

태극의 양의가 서로 사귀어 하나의 씨눈을 생하니 유극(有極)으로서 태극의 도를 이룬다. 이 또한 체용이라고 하겠다. 무극·태극·유극의 삼극이 삼이일(三而一)이요, 일이삼(一而三)임을 알 수가 있다. 태극과 관련, 황극(皇極)이란 용어는 위에서 말한 유극의 형이상학적 지칭이다.

(1) **공간적인 뜻**

극이 없는 것이 곧 태극(無極而太極)이다. 이것은 틈〔間隔〕이 없음〔顯微無間〕을 뜻한다.

역서(易序)에서는 "원재육합지외(遠在六合之外)"하고 "근재일신지중(近在一身之中)"이라고 했다. 또 법성게에서는 "일미진중함시방(一微塵中含十方)"이라고 하였으며 천부경에서는

"일시무시일(一始無始一) 일종무종일(一終無終一)"이라고 하였다. 이 모두가 태극의 공간적 뜻을 말한 것이다.

(2) 시간적인 뜻

역서에서는 "잠어순식(暫於瞬息)과 미어동정(微於動靜)에 막불유괘지상언(莫不有卦之象焉)하며 막불유효지의언(莫不有爻之義焉)이라"고 하였다. 법성게에서는 "무량원겁(無量遠劫) 즉일념(則一念)이요 일념즉시무량겁(一念則是無量劫)이라" 고 했다. 또 천부경에서는 "일묘연 만왕만래(一妙衍 萬往萬來)"라고 했다.

위에서 살펴본 바와 같이 태극은 무한의 공간성과 무량의 시간성을 의미한다. 우주도 태극 안에 있고 미진(微塵) 안에도 태극이 있다.

2. 양의(兩儀)

양의라는 말 뜻은 두 가지의 양태라는 것이다. 태극이 일양지(一陽之)하여 변(變)하고 일음지(一陰之)하여 화(化)하는 시간성과 음과 양으로 나뉘었다는 공간성을 포함하고 있다는 뜻으로 쓰이는 말이다.

이를 좀더 자세히 말하자면 양과 음이 두 가지 양태로서 운동을 하는데 양인 경청(輕淸)한 기는 위로 올라가 천(天)의 체를 이루고 음인 중탁(重濁)한 기는 안으로 엉겨 지(地)의 형(形)

을 이뤄 천지가 조판(肇判)되었다.

음이 변하여 양이 되고 양이 화하여 음이 되는 순환과정이 낮과 밤과 춘하추동이며 근묘화실(根苗花實)이다.

이 음과 양을 부호로 표시하는 법은 먼저 양이 동하고 이를 따라 음이 정하였다고 하여 양은 첫번째라는 뜻으로 ⚊로 표현하고 음은 두번째라는 뜻으로 ⚋로 표현한다. ⚊은 변함없는 태양〔日〕의 상이다. ⚋은 영허(盈虛)하는 태음〔月〕의 상이다. 양은 곧 밝은 낮의 도이고 음은 어둔 밤의 도이다.

또한 양은 기(奇)라 하고 음은 우(偶)라 한다. 이를 생성의 측면에서 보면 1, 2, 3, 4, 5에서 홀수〔奇數〕는 1, 3, 5의 셋이요, 짝수〔偶數〕는 2, 4 둘이다. 즉 양과 음은 3대 2이다. 3은 원으로 상징하는 천(天)의 뜻으로 원둘레는 $2\pi r$ 임을 나타낸다. 여기서 2는 네모〔方〕로 상징되는 지(地)의 뜻으로 네모꼴의 둘레는 $4(2r)$임을 나타낸다. 이것을 삼천양지(參天兩地)의 이치라고 한다.

일설에 양효는 하나로 이어져 양근(陽根)의 상이요, 음은 둘로 쪼개져 여성의 옥문을 뜻한다고도 한다.

3. 사상(四象)

태극이 일변(一變)하여 생한 것이 양의요, 재변(再變)하여 생한 것이 사상이다.

양의(陽儀: ⚊)를 본으로 하여 양으로 분화된 것이 태양(⚌)이고, 음으로 분화한 것이 소음(⚍)이다. 음의(陰

儀: ⚋)를 체로 하여 음으로 분화된 것이 태음(⚏)이고 양으로 분화한 것이 소양(⚎)이다.

양의는 두 가지의 양태인데 비하여 사상은 양의보다 일단계 더 구체화한 상이다. 천의 일월성신과 지의 산천초목과 인의 이목구비(耳目口鼻)가 곧 사상의 이치인 것이다. 양을 바탕으로 하여 양으로 작용함이 태양이고 양을 바탕으로 하되 음으로 작용하는 것이 소음이다. 음을 바탕으로 하여 음으로 작용함이 태음이요, 음을 바탕으로 하되 양으로 작용함이 소양이다.

그런데 그 상을 살펴보면 태양은 견실하여 강건하고 태음은 공허하여 유순하다. 또 소음은 내실외허하여 생장하고 소양은 내허외실하니 수축(收縮)한다.

그러므로 소음은 봄이고 아침이다. 태양은 여름이고 낮이며 소양은 가을이고 저녁이다. 태음은 겨울이고 밤이다.

4. 팔괘(八卦)

태극이 일변하여 양의가 되고 양의가 재변하여 사상이 된다고 했다. 이에서 더 나아가 삼변하여 이룬 것이 팔괘다. 이 과정을 삼변성도(三變成道)라고 한다.

분화는 일매생이(一每生二)이나 과정은 삼변으로 완성된다. 이것을 삼재(三才)의 법칙이라고 한다. 따라서 역은 음양과 삼재를 기본으로 하여 성립한 것이다. 삼재는 천 · 지 · 인이며 만상을 삼재로 대칭한다.

팔괘의 세 효는 삼재의 원리에 따라서 정해진다. 생성의 차서(次序:體)는 천 · 지 · 인으로 나타나고 현상의 위차(位次:用)는 천 · 인 · 지로서 차서는 체가 되고 위차는 용이 된다. 또 차서는 시간적 의미이고 위차는 공간적 의미를 담고 있다.

(1) 팔괘의 명칭과 상

1에서 8까지는 생성의 순서이고 건(乾) · 태(兌) · 곤(坤)은 괘의 이름이며 천(天) · 택(澤) · 지(地)는 의미를 뜻한다. 또 건삼련(乾三連) 등은 괘의 모양을 일컫는다.

건삼련(乾三連) 天: ☰

태상절(兌上絶) 澤: ☱

이허중(離虛中) 火: ☲

진하련(震下連) 雷: ☳

손하절(巽下絶) 風: ☴

감중련(坎中連) 水: ☵

간상련(艮上連) 山: ☶

곤삼절(坤三絶) 地: ☷

(2) 속성

팔괘를 사상으로 분류하는 방법은 생성원인에 따르는 방법〔體〕과 현상에 의한 방법〔用〕으로 나눈다.

첫째, 원인에 따른 분류는 태음(⚏)에서 분화된 괘가 곤(坤) · 간(艮)이고 소양(⚎)에서 분화된 괘가 감(坎) · 손(巽)이다. 또 소음(⚍)에서 분화된 괘가 진(震) · 이(離)이고, 태양(⚌)에서 분화된 괘가 건(乾) · 태(兌)이다.

둘째, 현상에 의한 분류는 건(乾)은 양이 셋이므로 9(3×3)로서 노양(老陽)이요, 곤(坤)은 음이 셋이므로 6(2×3)으로서 노음(老陰)이다. 진(震) · 감(坎) · 간(艮)은 일양이음(一陽二陰)이니 7(3+2×2)로서 소양(少陽)에 속하며 손(巽) · 이(離) · 태(兌)는 일음이양(一陰二陽)이니 8(2+3×2)로서 소음(少陰)에 속한다.

그러나 일반적으로 작용을 중시하여 두번째 방법을 많이 사용한다.

5. 대성64괘(大成六十四卦)와 괘의 변화

소성괘인 팔괘가 거듭하여 이루어진다. 한괘가 본체가 되어 아래에 있고 위에 있는 괘는 소성괘 8개를 차례로 바꾸어놓으면 매괘마다 8개의 대성괘가 만들어진다. 이것을 일정팔회(一貞八悔)라고 한다.

대성괘는 위에 있는 괘를 상괘 또는 외괘라 하고 아래에 있는 소성괘를 하괘 또는 내괘라고 한다. 대성괘의 명칭은 상괘를 앞에 붙이고 하괘를 뒤에 붙여서 하나의 괘이름이 된다. 여기서 대성괘를 이룬 각각의 소성괘는 본래의 성질을 그대로 가지고 있는 것이다.

(1) 괘의 변화

대성괘를 보는 방법 중에는 지괘(之卦), 호괘(互卦), 배합괘(配合卦), 착종괘(錯綜卦), 도전괘(倒轉卦) 등의 여러 가지가 있다.

① 지괘: 효가 동하여 변해가는 괘로서 본괘는 현재의 상황(體를 뜻함)을 말하며 지괘는 진행하여 가는 과정(用을 뜻함)을 뜻한다.

② 호괘: 초효와 상효를 떼어버리고 2, 3, 4효로 하괘를 만들고 3, 4, 5효로 상괘를 만들어서 이루어진다. 성격과 재질을 판단한다.

③ 배합괘: 6개의 효 모두를 반대되는 음·양효로 바꾸어서 만든다. 음양의 재질이 바뀜으로 인해 나타나는 변화를 판단한다.

④ 착종괘: 상괘와 하괘를 그대로 바꾸어서 이루어진다.

⑤ 도전괘: 괘 전체를 180° 반대편에서 볼 때 달라지는 괘를 말한다. 64괘 중에 도전괘가 28개이고 부도전괘(不倒轉卦)가 8개다.

제5절 하락이수(河洛理數)

하락이수라고 하면 하도(河圖)와 낙서(洛書)의 원리와 수(數)의 성격을 총칭하는 말이다.

1. 하도

하도란 중국에 있는 하수(河水)에서 용두마신(龍頭馬身)의 짐승이 나타났는데 그 짐승의 등에 다음의 그림과 같은 55개의 무늬가 있었다고 한다. 복희씨가 이 무늬를 보고 천지와 만물이 생성하는 이치를 깨닫고 팔괘를 그렸다고 전한다.

그러나 필자의 생각으로는 신화적 전설이라고 보며 누구에 의해 창안되었는지는 자세하지 않은 것이 정설이라고 하겠다. 그럼에도 용으로서 형이상학적인 천(天)을 상징하고 마로서 형이하학적인 지(地)를 함축하여 용마라는 말로서 천지를 대칭한 것이 아닌가 싶다.

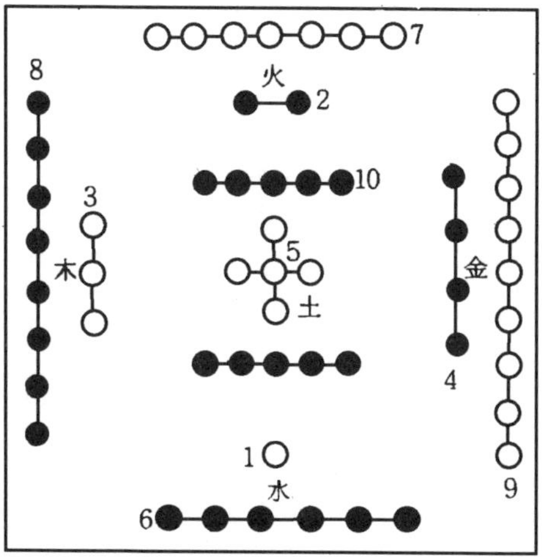

하도

2. 하도의 수리

(1) 선천수 55와 득합(得合)

하도를 살펴보면 하 1, 상 2, 좌 3, 우 4, 중 5가 안에 있고 하 6, 상 7, 좌 8, 우9, 중10이 밖에 둘러싸여 있다. 안에 있는 수가 기수이면 밖에 있는 수는 우수이다. 내수가 우수이면 외수는 기수로서 총 55의 점을 구성하고 있다. 그 형상은 방(方:사각형)으로 되어 있다.

안에 있는 1 2 3 4 5는 생수(生數)로서 만물을 생하고 밖에 자리한 6 7 8 9 10은 성수(成數)로서 만물의 형체를 이룬다. 그런데 오방(五方)에 있는 성수는 같은 자리의 생수보다 각각 5가 더 많다. 즉 각 위의 생수에다 5(中宮의 생수)를 더하여 이루어졌다. 따라서 생수는 체(기본수)가 되고 성수는 용(작용수)이 된다.

한편 홀수와 짝수의 관계를 살피건대 홀수를 천수(天數) 또는 양수(陽數)라고 하고 짝수를 지수(地數) 또는 음수(陰數)라고 한다. 천수는 5개(1 3 5 7 9)로서 합이 25가 된다. 지수 역시 5개(2 4 6 8 10)로서 합이 30이다. 천수 25와 지수 30을 합하여 천지수 55가 된다.

이 천지수의 전개는 1 2, 3 4, 5 6, 7 8, 9 10으로 홀수와 짝수가 서로 득(得)하고 1 6, 2 7, 3 8, 4 9, 5 10으로 홀수와 짝수가 각각 배합하여 이로써 묘용(妙用)과 조화를 이루게 된다.

(2) 삼천양지와 사상의 수

생수는 체(體:기본)로 역의 모든 수리(數理)가 여기서 나온다. 생수 중에는 천수(홀수)가 1, 3, 5이고 지수(짝수)가 2, 4로서 천3 지2이다. 이를 두고 삼천양지(參天兩地)라고 한다.

삼천의 합은 9(1 + 3 + 5)이고 양지의 합은 6(2 + 4)이 되어 양은 9로 대표되고 음은 6으로 대칭된다. 생수는 5개이며 중앙의 체수(體數)도 5이니 이 5가 분화하여 삼천양지가 된다.

다음은 사상의 위(位)와 수는 어떤 관계인가를 살펴보자.

노양위(老陽位) 1이 노양수인 9와 합하니 이수(理數=체수) 10이 된다.

노음위(老陰位)인 4가 노음수 6과 합하여 10이 되니 노양위 1과 노음위 4는 부모의 위가 된다.

소음위(少陰位)는 2인데 노양이 소음을 생하는 원리에 따라서 노양위 1이 나아가 2를 낳고 2는 소음수인 8을 거느려 10이 된다.

소양위(少陽位)는 3인데 노음이 소양을 낳는 이치에 따라 노음위 4가 물러나 3을 낳으니 3은 소양수인 7과 합하여 10이 된다.

그러므로 사상의 위로서는 소양위 3과 소음위 2가 삼천양지가 된다.

한편 하도의 구성을 사상과 연결해 오행으로 살피면 다음과 같다.

아래 있는 노양위 1과 노음수 6은 함께 하여 수(水)를 낳는다(상징한다).

위에 있는 소음위 2와 소양수 7은 함께 하여 화(火)를 낳는다.

왼쪽 소양위 3과 소음수 8은 함께 하여 목(木)을 낳는다.

오른쪽 노음위 4와 노양수 9는 함께 하여 금(金)을 낳는다.

중앙의 5는 실수(實數=체)로서 스스로 화(化)하여 10인 허수(虛數=용)와 함께 하여 토(土)를 낳는다. 이 5를 연모(衍母), 10을 연자(衍子)라 하여 모든 조화가 여기서 연유한다.

(3) 하도와 오행

만물이 생어수(生於水)하고 수는 간하(澗下)하는 이치에 따라 하북방(下北方)에 1 · 6 수가 자리하였다.

만물이 장어화(長於火)하고 화는 염상(炎上)하는 이치로서 상남방(上南方)에 2 · 7 화가 자리한다. 이는 각각 오행의 기(氣)로서 대비한 것이다.

만물이 목기(木氣)로서 발아(發芽)함으로 해가 뜨는 좌동방(左東方)에 3 · 8 목이 온다.

만물은 금기(金氣)로 결실하니 해가 지는 우서방(右西方)에 4 · 9 금이 자리한다. 목과 금은 각각 오행의 질(質)로서 대비한 것이다.

상 · 하 · 좌 · 우의 수 · 화 · 목 · 금은 모두 토(土)를 바탕으로 하여 생성유행(生成流行)함으로 중궁의 5 · 10 토는 오행의 질과 기를 구비하여 중재하고 조절함으로써 조화를 낳는다.

1 · 6 수는 내양외음의 상(象)이요

2 · 7 화는 내음외양의 상이요

3 · 8 목은 외유내강의 상이요

4 · 9 금은 외강내유의 상이며

5 · 10 토는 내양외음의 상이다.

공간적인 측면에서 볼 때는 위와 같으나, 한편 시간적인 측면에서 보면 생생불이(生生不已)로 순환하는 상생의 이치가 있다. 즉 좌선(左旋:시계방향)으로 원형을 이루면서 상생(相生: 수생목, 목생화, 화생토, 토생금)하고 십자(十字)를 이루면서 상극(相克: 남북 수극화, 동서 금극목)한다.

수는 한랭하여 겨울을 상징하고, 목은 분열생육하여 봄, 화는 발열팽창하는 여름, 금은 수렴결실하는 가을이 됨으로써 순환불식(循環不息)의 이치가 있다.

천도(天道)는 원(元) · 형(亨) · 이(利) · 정(貞)이요, 지도(地道)는 생(生) · 장(長) · 수(收) · 장(藏)이며 인도(人道)는 인(仁) · 의(義) · 예(禮) · 지(智)로서 덕을 삼는 것은 중궁의 5 · 10 토를 중심으로 (천 · 지 · 인의 체) 나머지 4행(수 · 화 · 금 · 목)이 운행하는 순환의 상생법칙에 바탕한 것이다.

3. 낙서

낙서는 중국에 있는 낙수(洛水)에서 한 거북이가 나타났는데 그 등에 다음 그림과 같은 45개의 무늬가 새겨져 있었다는 데서 연유한다. 하우씨(夏禹氏)가 이것을 보고 신묘한 이치를 깨달았다고 전한다. 이 또한 전설적인 이야기이고 어느 시대 누구에 의해 그려진 것인지는 확실치 않다.

필자는 앞에서 말한 하도와 더불어 같은 시대에 같은 인물에 의해 작성되었을 것으로 생각한다. 왜냐하면 옛 중국사람들은 만물이 수로부터 생겨났을 것으로 보았고 그런 탓에 이상향을 물 속에 있다고 보았다. 그리하여 신비로운 하도나 낙서가 수중(水中)에서 나왔다는 말로써 신성시했고 이를 용마나 신구(神龜)에 비유한 것으로 볼 수 있기 때문이다.

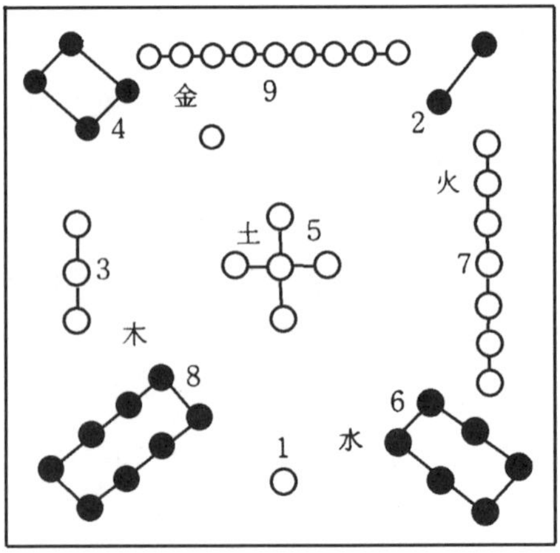

낙서

(1) 낙서의 수리

낙서는 내생외성(內生外成)의 하도와는 달리 5를 중심으로 하여 8방에 수가 배열된 구궁(九宮)의 상이다. 꼬리 부분에 1과 머리 부분에 9, 좌의 3과 우의 7이 정방(正方: 상 하 좌 우)에 자리하였다. 좌우의 앞발에 2와 4, 그리고 좌우의 뒷발에 6과 8이 배열되어 모두 45개다.

4정위(四正位)에는 1 · 3 · 7 · 9로 홀수가 좌선 3배로 위치하였고, 4우방(四隅方)에는 2 · 4 · 8 · 6으로 짝수가 우선 2배로 자리하고 있다. 천은 좌선하고 지는 우선한다는 이치와 양이 근본이며 음이 양을 보좌한다는 이치가 함축돼 있다. 또한 5가 가운데 자리한 것은 황극(皇極)으로서 8방을 거느리고 도(道)를 펼치는 상이다.

가로 세로의 합은 15(1+5+9, 2+5+8, 2+7+6, 4+3+8, 4+5+6)로서 중앙의 5를 중심으로 하여 각 수가 제자리를 잡고 있는 것이다. 즉 낙서의 불변수는 삼오이변(參五以變) 15를 이루니 이것을 진주수(眞主數)라고 한다. 생수의 합도 15(1+2+3+4+5)이고 사상의 음양수도 합이 15(9+6, 7+8)임을 감안하면 5가 조화의 주체임을 알 수가 있다.

(2) 오행

우선으로 원을 이루면서 상극(수극화, 화극금, 금극목, 목극토, 토극수)하고 십자로 상생함이 하도와는 반대현상이다. 이 이치는 4, 9 금과 2, 7 화가 서로 자리 바꿈〔金火交易〕으로서 생기는 현상이다. 이것이 곧 선후천의 변화인 것이다.

상극은 곧 묘용의 도(道)이다. 상생의 선천에는 만물이 생장하는 중에 생존경쟁과 약육강식이 따르는 것이다. 상극의 후천에는 만물이 성숙하여 결실을 이루지만 깎여서 떨어지는 아픔이 있으나 이로 인해 씨알〔仁〕을 거두는 기쁨이 있는 것이다.

오행생극은 외생내극(外生內克)의 이치와 외극내생(外克內生)의 이치가 있으므로 생과 극은 모두 생을 위한 운동일 뿐이다.

4. 하도와 낙서의 관계

하도의 극수는 10으로서 선천〔體〕의 이치가 있고 낙서의 극수는 9로서 후천〔用〕의 이치가 있다. 사람도 태중에 있을 때에는 10개의 구멍이지만 출생 후에는 배꼽이 막혀서 9개가 된다. 하도의 중앙수는 10〔母〕의 품안에 5〔子〕가 들어 있어서 마치 태중 포아의 상이다. 이에 반해 낙서의 중앙수는 모태인 10이 없어지고 아들인 5가 주체로서 자립하여 있는 상이다.

하도의 총수는 55이고 낙서의 총수는 45인데 합하여 양분하면 태연수(太衍數)인 50이 된다. 하도수 55는 태연수보다 5가 많으니 기영(氣盈)의 이치고 낙서수 45는 5가 적으니 삭허(朔虛)의 이치다. 모든 사물은 영허(盈虛)의 이치로 이루어지니 중궁 5의 변화에 따라서 일어나는 선후천의 유전법칙이다.

제6절 선천팔괘와 후천팔괘

1. 선천팔괘

선천팔괘는 음양소장(陰陽消長)의 이치로 이기(理氣)의 체(體)이다.

팔괘의 순서는 팔괘의 생성 차서(次序)에 따른다. 즉 양선음후(陽先陰後)의 이치로 양에 속한 태양〔乾 · 兌〕과 소음〔離 · 震〕을 앞에 놓고 음에 속한 소양〔巽 · 坎〕과 태음〔艮 · 坤〕을 뒤에 두었다. 이것을 반순반역(半順半逆:∽), 즉 태극의 방향으로 돌려 배열한 것이 선천배위도(先天配位圖)이다.

震에서 乾까지의 4괘는 양장소음(陽長消陰)의 과정이고 巽에서 坤까지 4괘는 양소음장(陽消陰長)의 과정이다. 또한 乾 · 兌 · 離 · 震은 초효가 양이고 巽 · 坎 · 艮 · 坤은 초효가 음으로서 각각 음과 양을 뿌리로 한 것이다.

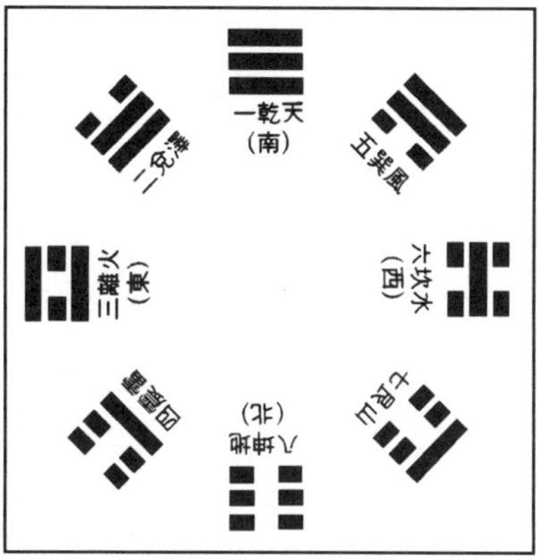

선천팔괘 배위도

2. 일음지일양지(一陰之一陽之)

(1) 양의

양의의 일음지일양지는 앞에서 설명했다.

(2) 사상

왼쪽에 자리한 4괘 가운데 인효(人爻) 2괘(乾 · 兌)는 양이고 2괘(離 · 震)는 음이다. 오른쪽에 자리한 4괘의 인효는 2괘(巽 · 坎)가 양이고 2괘 (艮 · 坤)는 음으로 되어 일양지일음지하였다.

(3) 팔괘

왼쪽의 4괘는 천효(맨 위에 효)가 모두 양이고 오른쪽의 4괘는 천효가 모두 음으로서 일음지일양지하였다.

3. 대대(待對)

4정방에는 부도전괘를 배치하여 부동(不動)인 체를 상징하였다. 남북에 건 · 곤을 배치한 이유는 음양소장의 자연이고 동서에 坎 · 離가 자리한 까닭은 삭망현회(朔望弦晦)의 뜻이다. 4우방에 도전괘를 배치함은 변동이 일어나는 용(用)의 뜻이다.

4. 후천팔괘

후천팔괘는 사계절 순환의 의미로 이기(理氣)의 용(用)이다.

괘의 위치를 살펴보면 진(震:東)에서 시작하여 巽을 거쳐 艮에서 끝난다. 이는 시(始)에서 발생하여 종(終)에서 거두어들이는 일세유행(一歲流行)의 도이다.

후천팔괘의 순서는 낙서의 구궁수를 괘의 위치로 한다. 즉 일감(一坎) · 이곤(二坤)…이다. 또한 인사적인 남녀관계의 조화를 이루고 있다. 서 · 남에는 음괘인 巽 · 離 · 坤 · 兌괘가 있고 북 · 동에는 양괘인 乾 · 坎 · 艮 · 震괘가 있다. 이로써 음양이 교통하고 남녀가 상합하여 화성(化成)하는 이치가 있다.

坎 · 離로써 선천괘의 乾 · 坤의 자리를 대신하여 남북에 자리함은 음양, 중정의 기로써 팔방의 표준을 삼고자 함이다. 離괘는 선천의 乾체가 곤중(坤中)의 일음(一陰)을 얻음이고 坎괘는 선천의 坤체가 乾중의 일양을 얻음이다.

艮이 8궁에 자리함은 艮은 양토〔戊〕로서 하도의 중궁수 5와 낙서의 5중에 해당하니 태극의 중심으로 해가 뜨는 동북〔八宮〕방에 자리하여 모든 괘의 체가 되니 시종이 모두 이 艮에 있음을 보여준다. 또한 괘차(卦次:괘의 차례)는 震에서부터 좌선상생하여 艮에서 지수부목(止水扶木)한다.

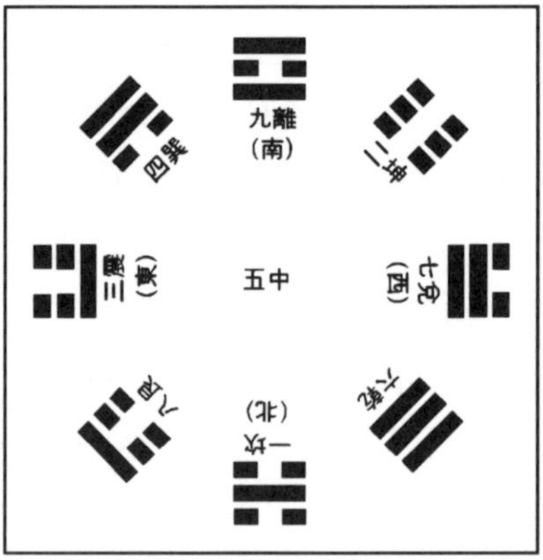

후천팔괘 배위도

5. 선 · 후천팔괘의 상호관계

(1) **대대(待對)와 유행(流行)**

선천팔괘와 후천팔괘 그리고 하도와 낙서를 견주어 살피면 하도수는 55로서 기영(氣盈)인데 낙수는 45로서 삭허(朔虛)이다. 하도의 수위(數位)는 내외생성인데 낙서는 5중태연(五中太衍: 종횡 15)이다. 하도는 좌선상생인데 낙서는 우선상극이다. 선천은 10체 9용이요, 후천은 9체 10용으로 선체후용(先體後用)의 이치가 있다.

선천팔괘는 소장대대(消長待對)로서 천도운행의 체요, 후천팔괘는 유행교합(流行交合)으로서 음양조화의 용이다. 또한 선천은 음양과 사상이 체이고 중허(中虛)의 상인데, 후천은 음양과 오행이 체이고 중실(中實)의 상(황극의 이치)이다.

즉 선천과 후천은 상호 조화를 이루는 체용관계이니 대대〔先天〕는 유행〔後天〕이 아니면 변화할 수가 없고 유행은 대대가 아니면 유행할 수 없는 호근체용(互根體用)의 조화이다. 이는 선천이천불위(先天而天不違)요, 후천이봉천시(後天而奉天時)라는 뜻이다.

(2) **선후천 이화(理化)**

선 · 후천팔괘의 이화(理化)를 살펴보면 수화(水火)의 조화일 뿐이다. 따라서 다음과 같이 이해하면 된다.

건당오이귀어술(乾當午而歸於戌: 건은 오의 자리에 있었는데 술 자리에 가고)

간본술이출우인(艮本戌而出于寅: 간은 본래 술 자리인데 인 자리로 갔고)

이본인이왕우오(離本寅而往于午: 이는 본래 인 자리인데 오 자리로 갔다.)

곤당자이출어신(坤當子而出於申: 곤은 자의 자리에서 신으로 갔고)

손본신이귀우진(巽本申而歸于辰: 손은 본래 신 자리인데 진으로 갔고)

감본신이왕우자(坎本申而往于子: 감은 본래 신 자리인데 자로 갔다.)

태즉진이왕우감허(兌則辰而往于坎墟: 태는 진 자리에서 감이

있던 자리로 갔고)

진즉인이왕우이허(震則寅而往于離墟: 진은 인 자리에서 이가 있던 자리로 갔는데)

감리지허유자오지기(坎離之墟有子午之氣: 감리의 옛터에는 자오의 기가 있기 때문이다.)

감본당신 이본당인 음양지시(坎本當申 離本當寅 陰陽之始: 감이 신 자리에 있고 이가 인 자리에 있었음은 음양의 시생궁이기 때문인데)

시처필유 여기고 감진유 이당묘(始處必有 餘氣故 坎進酉 離當卯: 시생처에는 여기가 있어 감은 유 자리로 나아갔으며 이는 묘 자리로 나아갔던 것이다.)

특히 선후천팔괘의 이화하는 이치에 계합할 것을 권한다. 이것이야말로 선후천 묘용의 처음이요, 끝인 것이다. 이 이치를 모르고서는 풍수학에 통할 수가 없다.

제7절 역(易)과 역(曆)

1세(歲)가 전 · 후반(전 子—巳, 후 午—亥)으로 크게 나누어짐은 양의의 원리이고, 4시(춘 · 하 · 추 · 동)로 나뉘는 이치는 양의에서 사상으로 분화하는 원리이다.

다시 8절(동지 · 하지 · 춘분 · 추분 · 입춘 · 입하 · 입추 · 입동)로서 기본 절기를 이룸은 사상에서 팔괘로 분화하는 이치이다. 나아가 24절기를 이루는 것은 팔괘의 총효수가 24(8×3)인 원리이다. 24절기를 각각 3분하여 72후(候)를 이루는 것은 12벽괘(璧卦)의 총효수가 72(12×6)인 까닭이다.

바꾸어 말하면 1년 360일은 4시, 8절, 24절기, 72후이니 각각의 계절은 90일, 절은 45일, 절기는 15일, 후는 5일씩이니 역의 원리와 때의 변화과정이 일치한다.

소강절(邵康節) 선생의 원회운세론(元會運世論)을 살펴보면 1세, 12개월, 360일, 4,320시간이 있는 원리에 바탕하여 1원(元), 12회(會), 360운(運), 4,320세(世)가 있다고 했다. 12시간이 1일, 30일이 1개월, 12개월이 1년, 30년이 1세, 12세가 1운, 30운이 1회, 12회가 1원(元: 129,600년)이 된다.

여기서 1원을 3등분하면 각 분이 43,200년이 되고 술회정중(戌會正中)에서 인회정중(寅會正中)까지는 휴지기(休止期), 인회정중에서 오회정중(午會正中)까지는 선천생장기(先天生長期), 오회정중부터 술회정중까지를 후천수장기(後天收藏期)로 본다.

이 법을 1년에 맞춰 풀어보면 상강(霜降)부터 우수(雨水)까지가 휴지기요, 우수부터 하지까지가 생장기〔先天〕이며 하지부터 상강까는 수장기〔後天〕라고 할 수 있다.

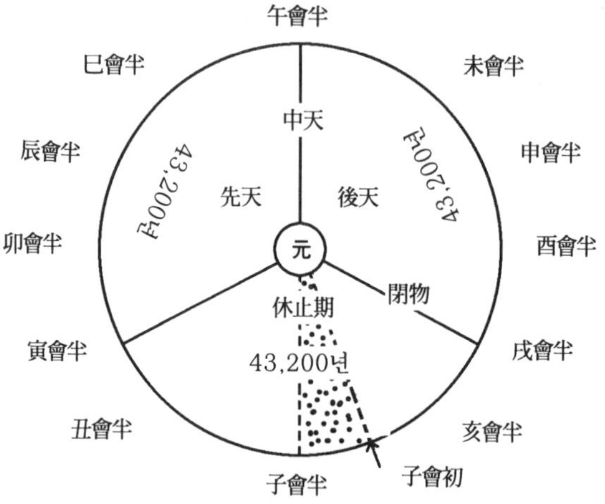

주역 원세도

역법(曆法)의 원리도 역리(易理)에 바탕을 둔 것이다. 천지가 달라도 그 일이 같고 남녀가 다르되 정이 통하며, 만상이 서로 다르되 서로 어우러지듯 일(日)과 월(月)이 체가 다르나 대대교회(待對交會)함으로써 낮과 밤의 왕래굴신(往來屈伸)이 있는 법이다. 만물의 생성은 해와 달의 운행절도에 따른 것이다.

태양력은 운행주기가 지구의 공전도수인 365.2422일이고 태음력은 운행주기가 달의 공전도수인 29.5일로서 1년이 평균 354.37일이다. 그러므로 태양력은 시차가 극히 적어서 계절의 순환주기와 부합하니 사용하기가 간편하다. 이에 비해 태음력은 조수간만의 때를 정확하게 알 수가 있어서 농사와 고기잡이에 유용하나 1년에 10일 이상(10.87일)의 차이가 생겨 3년과 5년 간격으로

윤달을 두어야 한다. 또 계절의 순환주기와 부합하지 못하는 점이 있다.

제8절 간지(干支)와 오행(五行)

1. 간지의 생성

간지(幹枝)는 하도의 오행상생의 원리다. 간(干)은 줄기의 뜻이니 천도의 운행이 모든 것을 주장하고 지(支)는 가지의 뜻으로 지도(地道)를 담당한다. 여기서 지도는 천도에 이음〔承繼〕을 말한다.

천은 갑(甲)·을(乙)·병(丙)·정(丁)·무(戊)·기(己)·경(庚)·신(辛)·임(壬)·계(癸)의 10간으로 운행한다.

지는 자(子)·축(丑)·인(寅)·묘(卯)·진(辰)·사(巳)·오(午)·미(未)·신(申)·유(酉)·술(戌)·해(亥)의 12지로 운행한다.

천의 10간과 지의 12지가 서로 배합하는 과정에서 60갑자(甲子)가 나타난다.

천간은 일양지일음지의 원리와 오행이 상생하는 이치로 하늘을 운행하고 지지는 오행상생의 이치로 이루어졌다.

갑과 을은 뿌리가 내려〔甲〕 움터나오는〔乙〕 봄의 과정이다.

병과 정은 만물이 화창하여 뻗어나는 여름의 과정이다.

무와 기는 성장을 마치고 몸체를 갖추는 여름과 가을의 과도기이다.

경과 신은 선천과정을 끝내고 개혁, 결실의 과정이다.

임과 계는 수장(收藏)하여 새봄을 기다리는 과정이다.

다음은 천간의 음양을 살펴보자.

천일생임수 지육계성지(天一生壬水 地六癸成之)

지이생정화 천칠병성지(地二生丁火 天七丙成之)

천삼생갑목 지팔을성지(天三生甲木 地八乙成之)

지사생신금 천구경성지(地四生辛金 天九庚成之)

천오생무토 지십기성지(天五生戊土 地十己成之)

수 · 목 · 토는 양생음성(陽生陰成)하고 화 · 금은 음생양성(陰生陽成)하여 동방에 3 · 8 甲乙木, 남방에 2 · 7 丙丁火, 중궁에 5 · 10 戊己土, 서방에 4 · 9 庚辛金, 북방에 1 · 6 壬癸水가 각각 배치된다.

지지는 하도의 10수보다 2개가 더 많음으로 5 · 10에 진 · 술(5), 축 · 미(10)가 있어서 중앙으로부터 수 · 화 · 목 · 금 · 수의 사이에 옮겨져 중재와 조화의 역할을 담당한다.

북방 1 · 6 수에 子와 亥

동방 3 · 8 목에 寅과 卯

남방 2 · 7 화에 巳와 午

서방 4 · 9 금에 酉와 申을 배치한다.

임자일에 계해육(壬子一兮 癸亥六)
정사이에 병오칠(丁巳二兮 丙午七)
갑인삼에 을묘팔(甲寅三兮 乙卯八)
신유사에 경신구(辛酉四兮 庚申九)
무진술오 축미십(戊辰戌五 丑未十)
기독백에 수지종(己獨百兮 數之終)

춘하추동이 각각 90일씩이나 각 계절 사이에 토왕(土旺) 18일씩이 있음으로 목 · 화 · 금 · 수는 각각 72일씩이 되고 토도 또한 72일(18×4)이다.

2. 각종 오행

여러 학파의 오행 중 쓸 만한 것은 정오행(正五行), 쌍산오행(雙山五行), 삼합오행(三合五行), 팔괘오행(八卦五行), 칠정오행(七政五行), 홍범오행(洪範五行), 납음오행(納音五行)이다. 이와 같은 각 오행의 구분은 오행의 질(質)과 기와 성정(性情)에 따른 것이다.

(1) 정오행

오행의 질(質)로서 만고불역의 대본이다. 주로 후룡전변(後龍轉變)의 생극과 정음정양(淨陰淨陽)과 격룡(格龍: 용의 오는 방위를 재는 것) · 입향(立向: 좌향을 적는 법) · 소납(消納: 물과 砂를 보는 것)에 쓰며 지반정침(地盤正針)을 사용한다.

천일거북(天一居北)하여 해임감계(亥壬坎癸)를 통섭하니 水
천구거남(天九居南)하여 사병이정(巳丙離丁)을 통섭하니 火
천삼거동(天三居東)하여 인갑진을(寅甲震乙)을 통섭하니 木
천칠거서(天七居西)하여 신경태신(申庚兌辛)을 통섭하니 金
지육거서북간(地六居西北間)하여 건금(乾金)
지이거서남간(地二居西南間)하여 곤토(坤土)
지팔거동북간(地八居東北間)하여 간토(艮土)
지사거동서간(地四居東西間)하여 손목(巽木)
천오거중(天五居中)하여 기왕사계(寄旺四季)하니
진술축미토(辰戌丑未土)의 자리다.

십간 중 무기(戊己)가 없는 것은 진술은 무토(戊土)요, 축미는 기토(己土)이기 때문이다.

하도낙서의 이기(理氣)가 하나로 모아진 것이 정오행이며 이것이 지리학의 강령이다.

(2) **쌍산삼합오행**

오행의 기(氣)로서 주로 입수(入首)의 좌우선을 가려 팔간(八干)의 기를 논한다.

양목(陽木)이 생어해(生於亥) · 왕어묘(旺於卯) · 묘어미(墓於未)하니 亥卯未木으로 같은 기를 이루며 주로 입향 소납을 논할 때 이용된다. 나경은 지반정침(地盤正針)을 사용한다.

해묘미건갑정(亥卯未乾甲丁)은 목이요
인오술간병신(寅午戌艮丙辛)은 화이며
사유축손경계(巳酉丑巽庚癸)는 금이고
신자진곤임을(申子辰坤壬乙)은 수이다.

내룡(來龍)의 순역(順逆)과 교도(交度)를 관찰하는 데 절대로 필요하다. 정오행과 더불어 표리(表裏)가 된다. 또한 정오행은 정기오행(正氣五行)이고 쌍산오행은 종기오행(從氣五行)이다.

(3) 팔괘오행

통칭 납갑(納甲: 또는 納干)오행이라고도 한다. 복희팔괘의 음양소장의 이치를 취한 것이다. 기(氣)오행이면서 국오행(局五行)이 되어 쓰임이 다양하다. 나경에서는 지반정침을 사용한다.

이룡배향(以龍配向), 이좌수수(以坐收水), 좌산구성(坐山九星), 정음정양(淨陰淨陽), 일가신살(日家神殺)을 논하는데, 상납대대(相納待對)를 고려할 뿐 오행생극은 무관하다.

태정사축건갑(兌丁巳丑乾甲)은 금이요
손신진경해미(巽辛震庚亥未)는 목이고
감계신진(坎癸申辰)은 수이고

이임인술(離壬寅戌)은 화이고

간병곤을(艮丙坤乙)은 토이다.

여기서 주의할 것은 계를 제외한 천간 9개의 오행이 바뀌었다는 점이다.

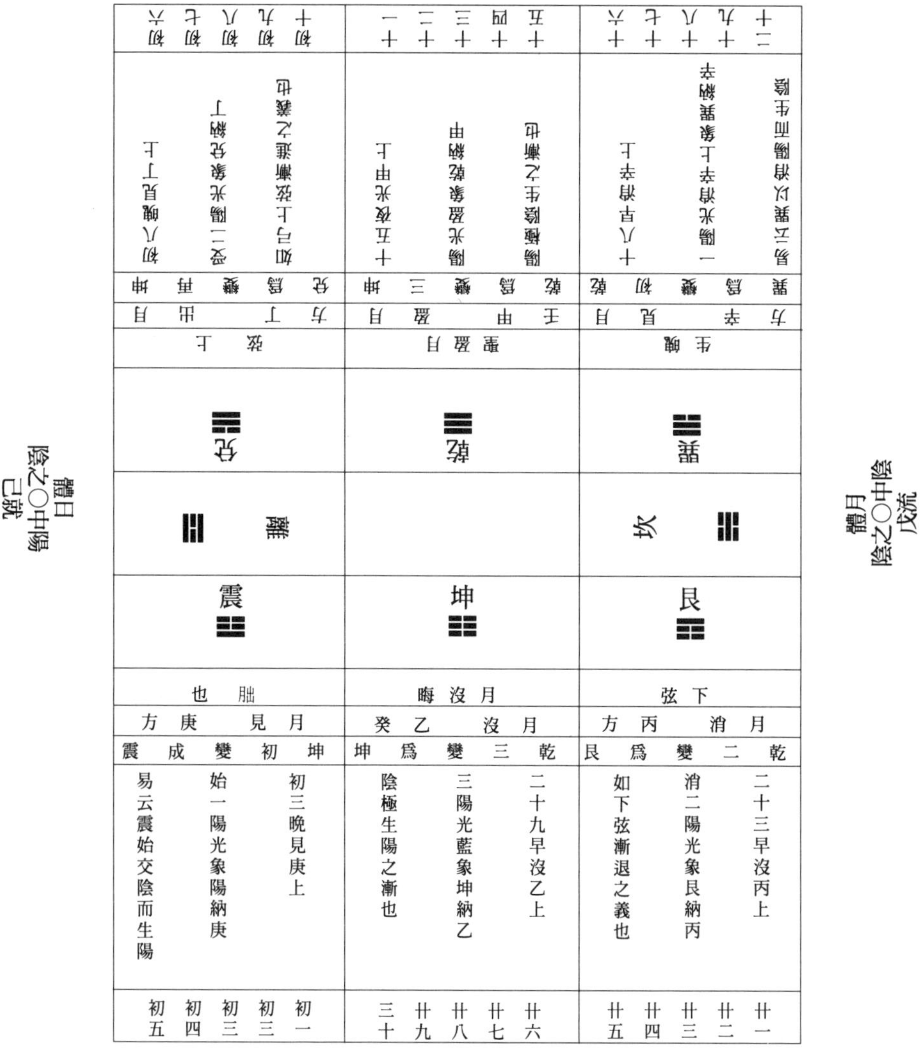

팔괘 납갑 취상도(八卦納甲取象圖)

납간취상(納干取象)의 원리는 앞의 그림을 참조하면 이해가 갈 것이기에 자세한 설명은 생략한다.

건납갑(乾納甲) 임수지(壬隨之)
곤납을(坤納乙) 계수지(癸隨之)
간납병(艮納丙)
손납신(巽納辛)
감계신진(坎癸申辰)
이임인술(離壬寅戌)
진경해미(震庚亥未)
태정사축(兌丁巳丑)

(4) 홍범오행

일명 대오행(大五行)이라고 하며 또는 종묘오행(宗廟五行)이라고도 한다. 팔괘납갑의 변화유행에서 취한 것으로 주로 좌하(坐下)에서 묘운을 논할 때 쓴다. 음오행(音五行)으로 지반정침을 사용한다.

갑인진손술감신신은 수요
〈甲寅辰巽大江水 戌坎申辛水亦同〉
간진사는 목이며
〈艮震巳山原屬木〉
이임병을은 화이고
〈離壬丙乙火本宮〉

태정건해는 금이며
〈兌丁乾亥金生處〉
축계곤경미는 토이다.
〈丑癸坤庚未土中〉

납갑변화의 원리는 다음과 같다. 갑과 을의 예를 들어본다.

건납갑에서 건은 곤과 대대(待對)이다. 건괘(☰)의 상하효를 곤괘(☷)의 상하효로 바꾸면 감괘(☵)가 되니 갑은 수가 된다.

곤납을에서 곤괘의 상하효를 건괘의 상하효로 바꾸면 이괘(☲)가 된다. 따라서 을은 화가 된다. 이하는 같은 원리다.

(5) 칠정오행

정오행 · 쌍산오행 · 팔괘오행 · 홍범오행은 지반정침을 사용하고 현공오행(玄空五行)은 천반봉침을 사용한다. 그런데 유독 칠정오행만은 인반중침(人盤中針)을 사용하여 주로 격룡(格龍)과 소납(消納)에서 천성귀천(天星貴賤)을 논한다.

乾坤艮巽은 목이요
寅申巳亥는 수이다.(星宿는 水火이나 火를 버리고 水를 취한다.)
甲庚丙壬은 화〔月〕이고
子午卯酉는 역시 화〔日〕이다.
辰戌丑未는 금이요

乙辛丁癸는 토이다.

28수는 巽에서 각목교(角木蛟)가 시작되어 우선으로 주천경포(周天經布)하는데 20방위의 1위에서 한 별씩 배정된다. 다만 寅申巳亥 자리에 이르면 두 별씩 배정되어 24방에 주천한다.

巽에 각성(角星), 辰에 항성(亢星), 乙에 저성(氐星), 卯에 방성(房星), 甲에 심성(心星) 그리고 寅에 미성(尾星)과 기성(箕星)으로 동방을 관장하며 卯 방성이 주장이다.

북에는 두(斗)에서부터 벽(壁)까지, 서는 규(奎)에서 삼성(參星)까지, 남은 정(井)에서부터 진성(軫星)까지가 자리한다. 즉 각 사방에 칠성씩이다.

(6) 현공오행

소현공오행과 대현공오행이 있다. 광전절수(壙前折水)하는데 쓰이며 천반봉침을 사용한다. 그러나 필자는 정침(正針)을 사용하는 것이 옳다고 생각한다.

대현공 오행은 다음과 같다.
乾乙丙子寅辰은 서경(西經) 금이 되고
巽辛壬午申戌은 동경(東經) 목이 되며
坤癸甲未巳卯는 남경(南經) 화가 되고
艮丁庚丑亥酉는 북경(北經) 수가 된다.

(이는 시중에서 횡행하는 것과는 약간의 차이점이 있다. 자세

하게 검토하면 옳고 그릇됨이 드러날 것이다.)

이 밖에도 납음오행 · 관금오행(菅禽五行) · 성도오행(星度五行) 등등이 있으나 이런 것은 전문지사들에게만 필요하다.

제3장
풍수와 나경(羅經)

제1절 나경의 유래

일반적으로 패철(佩鐵)이라고 하는 나침반을 말한다. 어느 시대에 누가 제작하였는가에 대해서는 여러 설이 있으나 모두 확실한 근거는 없다. 다만 중국 전국시대에 지남거(指南車)가 처음일 것이라고 추측할 뿐이다.

풍수에서의 정확한 명칭은 나경이다. 여기서 나(羅)는 포라만상(包羅萬象), 곧 사상의 이치를 포용 · 망라한다는 뜻이다. 경(經)은 경륜천지(經綸天地), 곧 천지의 이치를 조직적으로 통할 · 포섭한다는 뜻이다. 따라서 나경은 천시(天時)와 지리(地利)를 깊이 살펴서 알고, 나아가 인사(人事)를 정하는 신기(神器)라고 하겠다.

제2절 나경의 구성

처음에는 지지 12위만을 표시하여 12개 방위를 측정하였으나 차츰 발전을 거듭하여 오층반(五層盤)·칠층반·구층반·이십팔층반 또는 삼십삼층반이 나왔다. 방위도 24방위, 72천산(穿山), 60투지(透地), 120분금(分金) 등으로 세분화했다.

그러나 보통은 정침·중침·봉침과 천산·투지·분금이 표시된 구층반이면 사용하는 데 불편은 없다.

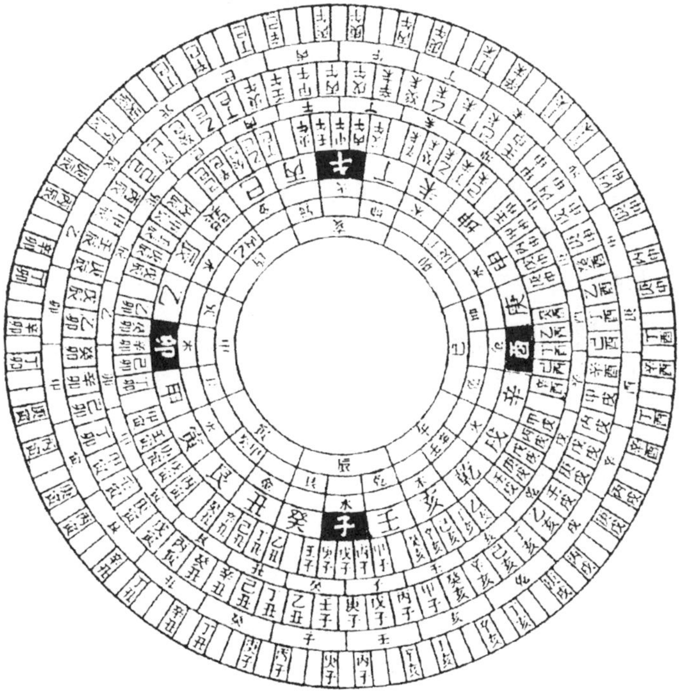

나경

· 천극: 중앙의 둥근 부위를 말하며 태극이라는 뜻이다. 일명 천지라고도 하며 자침과 남북축선이 표시되어 있다(남쪽이 머리고 북쪽이 꼬리다).

· 1층: 팔요살(八曜殺)을 보는 법이다. 묘좌(墓坐)를 기준하여 수의 내거(來去)와 바람의 오고 감을 본다. 가령 壬좌 · 子좌 · 癸좌〔이는 모두 坎宮〕에서 진방(辰方)으로 물이나 바람이 오거나 가면 팔요살 또는 팔요풍(八曜風)이 되어 흉하다.

이것은 지표면에 흐르는 바람이나 물 뿐만 아니라 지하에 흐르는 바람과 물도 마찬가지다. 또한 용상팔살(龍上八殺)이라 하여 감괘룡(坎卦龍)은 진좌(辰坐)나 진향(辰向)을 꺼린다.

· 2층: 황천수의 길흉을 본다. 향과 물의 오고 감이 현공오행으로 생입극입(生入克入)하면 진신(進神)이라 하여 구빈황천(救貧黃泉)이 되고 생출극출(生出克出)하면 퇴신(退神)이라 하여 살인황천(殺人黃泉)이 된다.

그런데 2층을 사용하는 다른 하나의 방법은 좌를 기준하여 황천방위의 산이 요함(凹陷)하면 묘지에 지하의 바람이 닿는다고 판단한다. 예를 들면 임좌(壬坐)에 건방요(乾方凹)이다(좌산의 살요 · 향상의 생극출입).

· 3층: 오행을 본다. 예컨대 임자(壬子)는 수요, 간인(艮寅)은 화이다. 즉 쌍산 삼합오행이다.

· 4층: 지반정침이라 하여 지남침의 남은 오중앙(午中央)이고 북은 자중앙(子中央)이 되어 방위의 근본이 된다. 예를 들면 산이 자중(子中)에서 오면 자룡(子龍)이 된다.

· 5층: 천산(穿山)이라고 하여 용맥을 재는 데 쓰인다. 예를 들면 子龍에는 丙子 · 戊子 · 庚子의 3개 맥이 있다. 그런데 여기서 주의할 것은 가운데 있는 맥(天干字와 四維는 처음부터 빈칸)은 공망(空亡)이라 하여 쓸 수 없는 맥이다.

· 6층: 인반중침(人盤中針)이라 하여 정침보다 반 칸 앞에 있다. 천성의 길흉을 아는 방법이다.

· 7층: 투지(透地)라고 하여 혈좌에 흐르는 생기를 재는 데 이용한다. 병자일순(丙子一旬)과 경자일순(庚子一旬)이 길하다. 예컨대 임좌(壬坐)에 병자요, 자좌(子坐)에 경자(庚子)이다.

· 8층: 천반봉침(天盤縫針)이라 하며 정침보다 반 칸 뒤에 있고 12지의 간지동궁(干支同宮)이다.

· 9층: 분금(分金)이라고 한다. 정확한 좌향의 기선(氣線)을 결정하는 데 이용한다.

제3절 나경을 놓고 보는 곳

나경을 어느 곳에서, 무엇을, 어떻게, 측정하는냐 하는 방법을 하반침(下盤針)이라 한다.

용맥을 측정할 때에는 과협(過峽) 또는 속인(束咽)·분수척령(分水脊嶺)에 서서 나경을 배꼽 부위쯤에 바르게 놓은 후에 위에 있는 초절(첫 마디)을 잰다. 여기서 주의할 것은 산의 중앙을 재는 것이 아니라 출맥처(出脈處)를 잰다는 점이다. 즉 산을 재는 것이 아니라 내맥(來脈)을 잰다. 향상(向上)하여 내방(來方)을 측정한다.

물의 오고 가는 것을 잴 때에는 물 가운데에서 오는 곳〔來水處〕과 가는 곳〔去水處〕을 측정한다. 이때 곡절처(曲折處)마다 잰다.

득수(得水)와 파구(破口)의 측정은 묘의 소명당, 즉 상석 자리에 앉아 나경을 두 손으로 들고 무릎 높이에서 측정한다.

사격(砂格)을 측정할 때에는 혈심처(穴心處)에 앉아서 산봉우리의 가장 힘있는 곳을 잰다.

나경은 정확하게 놓아야 하며 지표면에 접하여 놓을 때에는 땅 속의 금속물에 영향을 받게 되니 밑바닥에 부도체 물질을 깔아서 차단하는 것이 좋다. 손에 들었을 경우에는 시계나 반지 같은 것과 옷에 부착된 금속 단추 등에 세심한 주의를 기울여야 한다.

제4절 나경의 몇 가지 이해

· **삼반삼침**: 천지인 삼재(三才)가 합일하여 조화를 얻는 법이므로 나경 또한 세 가지의 이치를 갖추어야 한다. 천반 · 인반 · 지반이 삼반이다. 또 정침 · 중침 · 봉침이 삼침이다.

· **부침자오선(浮針子午線)**: 부침이란 자침(磁針)을 말하는 것으로서 지구의 자북(磁北)을 기준으로 하여 방위가 정해졌다. 중국 한나라 때 적송자(赤松子)란 사람이 12지 위치에 팔간사유(八干四維)를 추가하여 24방위를 정했다고 한다. 이것이 지반 정침이다.

· **북극자오선(北極子午線)**: 별자리를 기준으로 하여 24위를 정했다. 이를 인반중침(人盤中針)이라 하고 송나라의 뇌문준(賴文俊, 호는 布衣)이 설반하였다고 전한다.

· **일경자오선(日景子午線)**: 12지위를 나누어 24방위로 하였으며 천반봉침(天盤縫針)이라고 한다. 당의 양균송의 설반이다.

· **12지와 삼침**: 고대에는 반상에 다만 12지위만을 설정하였다. 또한 나경의 구도는 팔괘, 12지, 천성의 삼자가 기본이다. 이밖에 모든 것은 이 삼자를 보좌하는 데 지나지 않는다.

· **정침**: 12지와 비교하면 정침 壬의 하반부터 癸의 상반까지

가 12지위의 子에 해당한다. 정침 子의 정중앙이 12지위 子 정중앙이다. 그러므로 방위의 대본(大本)이며 중침과 봉침의 근본이 됨으로서 음양과 팔괘를 주장한다.

· **중침**: 정침과 비교하면 정침의 子가 중침 자계(子癸)의 계봉(界縫)이 되니 정침보다 선도(先到) 7도 반이고 천성을 주장한다.

· **봉침**: 정침의 子가 壬子의 계봉이 되니 정침보다 후도 7도 반이고 1支 안에 간지가 동림하여 왕쇠를 주장한다.

· **천산(穿山)**: 천원(天元)이며 선천괘가 주관하니 체(體)가 되며 천상(天象)의 영허(盈虛)를 측정한다.

· **투지(透地)**: 인원(人元)이며 후천괘가 주관하니 용(用)이 되어 지기(地氣)의 길흉을 가린다.

· **분금(分金)**: 지원(地元)이며 일후괘(日候卦)가 주관하니 기후의 고허를 가린다.

제5절 풍수의 삼매(三昧)

지리학설이 너무나도 복잡하여 어느 학설이 정전이냐는 쉽게 판단하기 어렵다.

첫째 천성이기와 만두형세 중 어느 것에 치중하는냐.

둘째 삼반삼침의 옳은 사용법은 무엇이냐.

셋째 각 오행의 정확한 적용 방법은 무엇인가.

이 세 가지 문제를 풍수의 삼매라고 한다.

선사들의 학설이 여러 종류인 까닭은 갑은 갑의 방법만을 전수하고 을은 또한 다른 한 방법만을 강조하며 병은 그의 저술 중 한 책만이 전하여 왔기 때문이다. 또한 주석의 잘못 등으로 후학들이 얼핏 보기에는 학설이 구구한 것으로 오인할 수 있다. 따라서 어느 학설이 옳고 어느 학설은 그르다는 평을 내리기 어렵다.

특히 근래 들어 다음과 같은 사례가 빈번히 일어나 더욱 풍수의 애매성을 부채질하고 있다.

그 하나는 각각의 방술은 각각의 사용처가 서로 다른 것임에도 이것을 이해하지 못하고 갑의 문제에 적용할 것을 을에도 적용하려는 데서 일어난다.

둘째는 필사의 잘못을 모르고 이갑위신(以甲爲申)하고 이내위병(以内爲丙)한 것을 문자 그대로 해석하는 데 있다.

셋째는 태극의 원리와 합일하느냐의 여부는 가리지 못하고 지엽적인 문제만을 가지고 이해하려는 데 있다.

그러므로 학인들은 선사들의 학설을 습득하는 데 있어 합리 여부를 검토하고 어떠한 곳에 어떻게 쓰이는가를 연구해야 한다. 또 선적(仙跡)에 증험하는 등의 방법으로 겸허한 마음과 돈

독한 성의로 깊이 살펴 분석한다면 일리관통(一理貫通)이 가능할 것이다. 어느 한 가지의 학설에 능하며 몇 개의 선적에 부합한다고 하여 다른 학설을 경시하는 것은 학문하는 사람의 태도가 아니라고 하겠다.

제2편 만두형세(巒頭形勢)

제1장
간룡(看龍)

제1절 간룡의 대강(大綱)

풍수학은 산과 물과 별자리〔星宿〕의 3요소를 분석하여 사물에 미치는 영향을 연구하는 학문이라고 설명한 바 있다.

산을 특히 용이라고 말하는 것은 산의 변화가 무쌍하다는 뜻과 아울러 풍수에서는 산과 물의 관계가 절대적 요소이기 때문이다. 용, 즉 산은 그 자체의 힘과 생사에 물이 필수적이라는 뜻을 가지고 이름지어진 것이다.

용이란 정확하게 말하면 단순한 산을 가리키는 말이 아니라 혈(穴)을 맺기 위해 뻗어가는 산줄기의 변화상태이며, 이 변화과정을 살피는 것〔看龍法〕이 풍수지리 관문의 첫째라고 할 수 있다.

간룡의 강령은 다음과 같다.

1. 강유(剛柔): 딱딱함과 부드러움의 구분이다.

용을 질적 측면에서 관찰, 구분하는 법이다. 강이 산의 태(胎)라면 유는 땅의 체라고 할 수 있다. 용은 강해야 하고 맥은 유해야 합격이다. 비유하자면 강이란 나무의 묵은 가지와 같은 상태이고 유란 새싹과 같은 상태이다.

2. 동정(動靜): 호흡에 따른 구분이다.

기적 측면에서 용을 구분하는 법이다. 움직이면 변하고 고요하면 무언가를 만드는 상태를 가리킨다. 따라서 용은 동(動)해야 하고 혈은 정(靜)해야 합법이다.

움직인다는 것은 산줄기가 높았다가 낮아지고 낮아졌다가 다시 높아지거나 또는 넓어졌다가 좁아지고 다시 넓어지는 등의 변화를 뜻한다. 때론 왼쪽으로 때론 오른쪽으로 가는 것도 용의 동하는 모습을 보여주는 예이다. 그런가 하면 용은 급하게 경사를 이루기도 하고 다시 완만하게 나아가기도 한다. 또는 산의 모양이 원(圓)·방(方)·각(角)으로 바뀌는 등의 상태를 보여준다. 이는 살아 있음을 뜻한다.

정이란 것은 안정되어 마치 좌선중의 수도자와 같은 상태를 말한다. 입선중에도 정신은 뚜렷해 분명히 살아서 숨쉬는 기상을 볼 수 있다. 용도 이와 같이 정한 중에도 동하려는 기운이 서려 있어야 한다.

3. 취산(聚散): 보호 상태의 구분이다.

용의 성(性)적 측면을 구분하는 법이다. 이 산, 저 산이 감싸면 취(聚)의 상태를 말한다. 그렇지 못하고 바람을 막지 못하면 기와 물이 흩어져서 산(散)이 된다. 성은 또한 정(情)의 근본이 된다.

4. 포(抱) · 정(正) · 배(背) · 정(情)의 유무에 따른 구분이다.

용이 정이 있느냐 없느냐를 판단하는 것이다. 정이 있는 곳에 기는 멈추게 되고 정이 없으면 기도 멈추지 못한다.

포라는 것은 전후좌우의 산들이 개면(開面)하여 반달 같은 모양으로 감싸는 것을 뜻한다. 배라는 것은 포의 반대로 등을 돌리는 모양이다. 정(正)이라 함은 포도 아니요, 배도 아닌 중립의 모양으로 된 산을 말한다. 포는 유정(有情)이고 배는 배신이며 정은 무정(無情)을 뜻한다.

5. 강약(强弱) · 내거(來去) · 취사(取捨)

강약은 용의 품기(稟氣)를 말한다. 건강한가 약질인가를 판가름한다. 내거는 용의 순역(順逆), 곧 오고 가는 모양을 판가름하는 법이다. 취사는 용의 생사를 판가름하는 법이다. 좋은 용은 취하고 죽은 용은 버린다.

제2절 용의 가지와 줄기

용의 지간(枝幹)이라고 하는 것은 나무에 비유하면 줄기와 가지를 말하는 것이다. 새로운 잎이나 가지, 꽃과 열매가 여기서 자란다. 그러므로 간룡(幹龍)과 지룡(枝龍)은 형세가 서로 다르다. 역량의 대소도 같지 않다. 따라서 용의 간과 지를 분별할 줄 아는 것이 간룡법의 관건이다. 이것을 모르면 이미 근본을 잃은 것이니 어찌 정혈(正穴)을 찾을 수가 있겠는가.

그러나 지간에는 다시 각각 크고 작은 구별이 있어서 대간룡(大幹龍) · 소간룡(小幹龍) · 대지룡(大枝龍) · 소지룡(小枝龍)으로 구분한다. 이른바 줄기 중에 다시 줄기와 가지가 있고 가지 중에도 다시 줄기와 가지가 있어 판별하기가 그리 쉽지 않다.

판별하는 방법의 기준은 용을 끼고 오는 물의 길고 짧음과 조종산(祖宗山) · 전호(纏護) 그리고 관란(關欄)의 크고 작음이다. 이 4요소 중에서도 물의 근원이 중요하며 특히 과협처의 물이 어디로 흐르는가가 중요한 요소이다.

대간룡은 큰 강물이 따라 흐르며 소간룡은 큰 개울물이 따른다. 대지룡은 작은 시냇물이 따르며 소지룡은 논밭의 물이나 실개천이 따르는 것이 보통이다. 그러나 예외도 있어 신중하게 살피지 않으면 실수하기 쉽다.

또한 국토의 규모와 지역의 특성에 따라서 분별의 기준이 달라진다. 우리나라를 예로 들면 근래까지 지리 교과서에서 말하는 태백산맥 · 소백산맥 · 노령산맥 · 광주산맥 등은 대간룡이 되고 이 대간룡 상의 명산에서 분룡한 것이 소간룡이 된다. 또 이 소간룡의 주필산(駐驆山)에서 분룡한 것이 대지룡이다. 이 대지룡의 용신상에서나 과협처에서 분룡한 것이 소지룡이다. 이의 구분은 앞서 말한 것처럼 물의 흐름을 기준으로 하는 것이 보통이다.

1. 대간룡

간룡 중의 간룡으로서 그 시작은 지극히 높고 유명한 산이 된다. 예컨대 백두산 · 금강산 · 지리산 등이 그것이다. 그 산머리에는 항상 운무가 서려 있는 것이 보통이다.

용이 가는 중에는 성봉을 이루지 아니하고 도리어 좌우에서 호종하는 산들의 봉우리가 수려하다. 본룡은 오직 높은 산과 거대한 구릉들이 첩첩하게 이어오면서 끊어진 듯하면서 이어져 있다. 끊어진 듯한 곳에는 반드시 교통의 요지로서 도시 촌락이 생기며 그 규모는 수십 리가 되는 곳도 있다. 이 끊어진 곳의 크고 작음에 따라 도시의 규모도 달라진다.

2. 소간룡

대간룡에서 갈라져나온 것으로 나누어질 때 이름난 산이 태조가 된다. 용의 나아가는 것이나 앞뒤 좌우로 호위하는 산들, 입수와 국을 만드는 것은 대간룡과 같다. 다만 크고 작고 길고 짧은 차이가 있을 뿐이다.

3. 대지룡

소간룡의 주필산이 태조가 된다. 이 태조산은 오성(五星) 정체 중의 한 봉우리가 차지하며 그 산의 중앙에서 출발하는 것이 가장 좋다. 태조산에서 떨어져나와 높은 봉우리를 연이어 만든다. 이런 산을 응룡(應龍) 또는 응성(應星)이라고 한다. 이 응성도 오성 정체에 합격하여야 한다. 혈은 이 응성의 중출에서 낙맥하여 맺는다.

4. 소지룡

가지 중의 가지로서 큰 용의 행도중에서나 또는 대지룡의 과협에서 떨어져나와 스스로 봉우리를 이룬 것이다. 산봉우리의 모습이 오성 정체에 가까워야 하고 또 용이 기복이 있고 주위에서 호위하는 것이 있어야 한다. 청룡 백호와 안산과 조산이 갖추어지고 물의 흐름을 제대로 걷어주는 등 법도에 맞아야 진짜 혈이 맺는다.

5. 방지(旁枝)

소지 중의 작은 가지를 방지라고 한다. 5, 6절 정도의 용으로서 봉우리가 아름답고 빼어나며 혈이 맺는 곳은 분명한 징표를 보여준다. 이런 혈은 한 두 사람이 수십 년간 부귀를 누릴 수 있다.

지룡의 요체는 봉우리가 뚜렷하고 아름다우며 혈정이 명백하여 보통은 용이 다하는 곳에 결혈한다는 점이다. 지룡이 만약 봉우리가 아름답지 못하고 기복이 없으며 혈도(穴道)가 모호하거나, 또는 물 빠져나가는 곳이 무력하거나, 안산과 조산이 무정하면 진혈이 아니라는 점을 유념해야 한다.

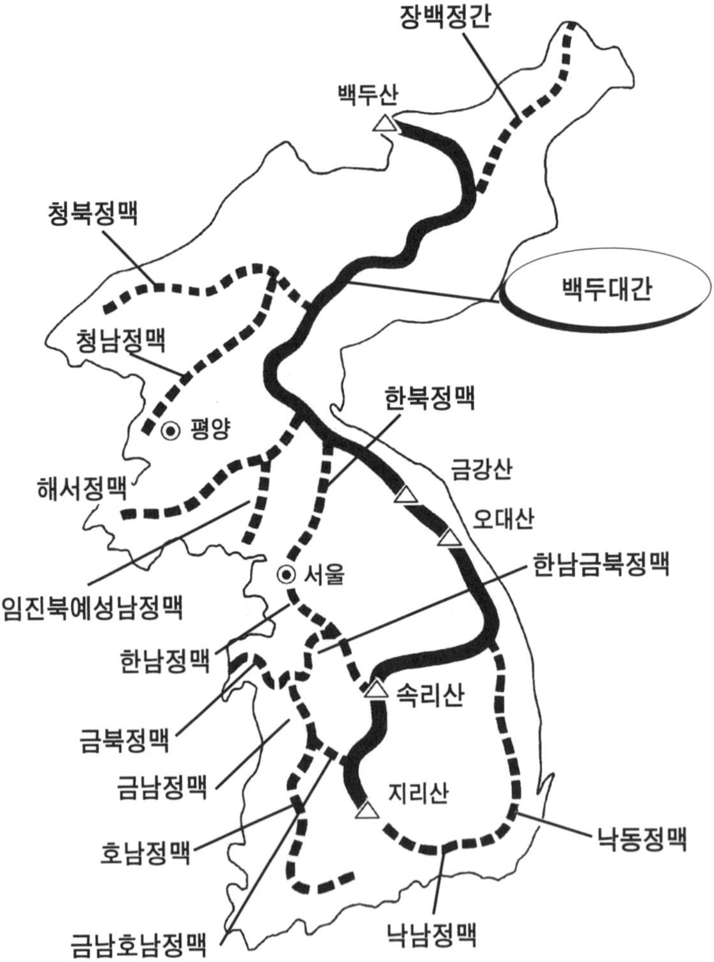
장백정간
백두산
청북정맥
백두대간
청남정맥
평양
한북정맥
금강산
해서정맥
오대산
한남금북정맥
서울
임진북예성남정맥
한남정맥
속리산
금북정맥
금남정맥
지리산
호남정맥
낙동정맥
금남호남정맥
낙남정맥

우리나라의 산줄기

제3절 지룡(支壟)

지룡이라는 것은 높은 산과 평지의 구분이다. 용의 힘이 세거나 약한 것이나 그 귀천에는 양자 간에 차등이 없고 다만 형세에 있어서 산봉우리와 평지의 차이가 있다. 그러므로 용의 성정(性情)을 판별하는 방술이 다른 것이다.

농룡은 높은 산이기에 그 성봉과 형세 및 맥락이 분명하여 비교적 찾기 쉬운 편이고 지룡은 광활한 평야이므로 맥을 찾기가 쉽지 않다. 농룡은 기복이 있어 힘있게 보이는 것이 좋고 지룡은 단절이 없이 은은하면서도 물이 갈라지는 것이 분명해야 합격이다.

또한 농룡은 높게 솟아 있으므로 바람을 싫어하고 지룡은 땅속으로 숨어서 기복이 없기 때문에 물이 차는 것을 싫어한다. 따라서 농룡은 산 끝에 혈을 맺고 지룡은 맥마루에서 혈을 맺는 것이 보통이지만 실제로는 그 모습이 다양하므로 눈 밝은 지사가 아니고는 속기 쉽다.

간룡하는 법이 지룡의 분별기법에 지나지 아니한다고 할 정도로 지룡의 판별은 풍수에서 중요한 관문이다. 지룡 같은 농룡이 있는가 하면 농룡 같은 지룡이 있다. 또는 지룡으로 오다가 농룡에서 혈을 맺기도 하고 농룡으로 오다가 지룡에서 혈을 맺기도 한다. 농룡에서 지룡으로 지룡에서 다시 농룡으로 변하는 경우도 있다. 또는 농룡은 안에 있고 지룡은 밖에 있기도 하며 그 반대의 경우도 있다. 이 밖에도 강지약롱(強支弱壟), 급지완롱(急支緩壟), 평지융롱(平支隆壟), 석지토롱(石支土壟) 등이 있다.

1. 농룡

산으로 된 용이므로 조종은 매우 높고 산세는 웅장하며 봉우리는 수려하고 과협은 주밀하다. 또 산의 가지들이 번성하여 행도가 활발하고 변화가 다양하며 호종이 주밀하다. 따라서 혈장은 장풍취수하고 청룡 백호와 주산과 안산이 화평하여야 길하다. 산세가 험하고 강성한 것이 특징이므로 험중평처를 구하여야 한다. 살을 피하기 위해 산 끝에 혈을 잡는 것이 보통이나 경우에 따라서는 산맥이 평지에 내려앉아 지룡으로 변한 뒤에 혈을 맺는 수가 있으니 유념해야 한다.

2. 지룡

평지로 된 용이므로 그 조종산에서 떨어져나와 뻗어가는 것은 농룡과 다를 바가 없다. 다만 평지에 내려앉아 평면도지(平面倒地)로 혈을 맺는다. 보다 자세히 말하자면 맥이 단절 없이 계속 이어지고 은은한 중에 물을 만나면 팔자협을 벌려 물을 양쪽으로 갈라친다. 때론 석골이 약하게 드러나기도 하고 혹은 압침(押針)처럼 생겨 앞에 물이 있으면 물 모이는 곳이 명당으로 그 위에 기가 모인다.

3. 룡과 음양

일반적으로 농룡은 음룡이요, 지룡은 양룡이다. 음룡 중에서도 경사가 급하고 뾰족하여 칼등과 같은 용은 태음룡(⚏)이 되고 비교적 완만하고 주먹 모양의 용은 소음룡(⚍)이다. 또 양룡 중에서도 가운데가 오목하여 손바닥 같은 모양은 태양룡(⚌)이 되고 그 모양이 평평하게 누웠으면 소양룡(⚎)이다.

제4절 조종(祖宗)

조종이란 사람에 비유하자면 시조로부터 시작하여 부모까지의 선조를 말한다. 나무에 비유하자면 뿌리로부터 시작하여 끝가지까지의 각 마디를 말하는 것이다.

사람도 가계(家系)가 훌륭하여야 좋은 것이며 나무도 근간지엽이 무성하여야 좋은 꽃과 열매를 기약할 수 있다. 산도 이와 같이 조종이 수려하고 합법한 연후라야 좋은 혈을 맺는 법이다.

1. 태조산

나무에 비유하자면 뿌리와 같고 물에 비유하자면 근원과 같다. 뿌리가 크면 가지가 번성하고 근원이 깊으면 흐름이 길고 넓은 것은 자연의 이치다. 그러므로 간룡하는 법에서 조종을 살피는 것이 중요하다. 조종을 앎으로써 용의 원근장단과 기의 경중후박(輕重厚薄)과 역량의 대소와 복록의 장구 여부를 알 수 있는 것이다.

태조산은 큰 것은 명산이 되고 작은 것이라도 한 고을을 관장하는 높은 산이 되며 또한 형세가 고대웅장하고 수많은 지각이 발생하는 것이다. 태조산을 살피고 그 출신행도(出身行度) 및 부모태식(父母胎息)을 살피는 것이 순서다.

태조 · 소조산도

2. 소조산

소조산은 주산(主山)이라고도 한다. 혈을 맺는 곳을 주관하는 주인격이다. 태조산을 떠난 각 지룡은 결혈처가 가까워지면 홀연히 높은 산봉우리가 되어 5절 이내에서 혈을 맺게 된다. 이 산이 곧 소조산이다.

만약에 이 봉우리가 가지가 많고 결혈처가 멀다면 이것은 소조산이 아니고 주필산이다. 그 아래서 다시 봉우리 지는 진짜 소조산을 다시 찾아야 한다. 길지는 반드시 소조산 아래 2, 3절에서 혈을 맺으며 멀어도 5절 이내에서 혈을 맺는 것이 합격이다.

이 소조산의 성체(星體)와 용격(龍格)의 합격, 불합격이 혈의 미악(美惡)과 직결됨으로 혈장이 아무리 아름답다고 할지라도 소조산이 불합격이면 복은 고사하고 흉과 화만 생긴다.

소조산 없이 혈을 맺는 수도 있으니 평강룡에서는 다만 지현굴곡(之玄屈曲)하기만 하면 소조산이 없어도 된다. 다만 입혈할 즈음에 속기결인(束氣結咽)만 확실하면 이곳을 소조산과 동일하게 본다. 그러나 이런 혈에는 좌우 호협(護夾)이 있어 바람을 막아주어야 한다.

혈근소조도

무소조산

3. 부모 · 태(胎) · 식(息) · 잉(孕) · 육(育)

혈성 뒤 1절의 산봉우리가 부모산이다. 부모산으로부터 낙맥하는 곳이 태이고 그 아래 속기처가 식이다. 식 아래 재기성봉한 봉우리가 현무정(玄武頂)인데 이곳이 잉이다. 또 혈장을 육이라고 한다. 여기서 혈을 맺은 산봉우리에서부터 투맥절포처(透脈節泡處)까지 총괄하여 잉이라고도 한다.

부모 태식잉육도

4. 입수(入首)

소조산 이하 혈 뒤 1절까지를 총칭하여 입수룡이라고 한다. 그러나 보통 입수라고 하면 혈성 뒤 1절, 즉 부모산을 말하는 것이다. 물론 예외도 있다.

입수 4, 5절이 간룡의 요긴처다. "미론천리내룡(未論千里來

龍)하고 단간도두융결(但看到頭融結)하라"고 하여 용의 미악(美惡)과 합격 여부가 혈성으로부터 소조산에 이르는 혈 뒤 두서너 마디에서 결정된다.

용세가 생동적이고 지각이 올바르고 낙천전변(落穿轉變)이 대(臺)·병(屛)·장(帳)·개(蓋)·왕자(王字)·개자(个字)·전상(展翔)·비아(飛蛾) 등으로 귀격을 이루며, 용을 호종하는 산들도 각종 귀사(貴砂)로 호송했다면 그 혈은 진짜다.

그러나 소조산으로부터 혈성에 이르는 두어 마디가 이 겁약(劫弱)·사경(死硬)·옹종(壅腫)·조악(粗惡)·직장(直長)하며 지각이 없거나 산란첨리(散亂尖利)하면 불합격이다. 비록 청룡·백호, 조산과 안산, 명당이 빼어나게 아름답다하더라도 모두 가화(假花)이니 각별히 주의깊게 살펴야 한다.

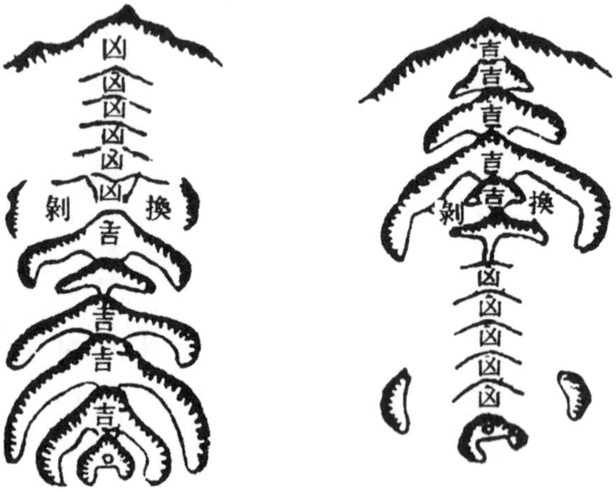

입수길흉도

제5절 용의 행도

간룡법 중에서 앞에서는 조종 · 부모 · 입수, 즉 큰 마디에 대해서 설명했다. 다음은 용이 움직여 나가는 법칙〔行道〕을 설명하고자 한다.

1. 출신

조산으로부터의 발맥(發脈)을 말한다. 하나의 조산에는 두어 개의 용이 나누어지나 그 두어 개 중에서 정룡을 찾아야 한다. 출신이 개금(開金) · 살예(ノ㇏)한 가운데 천심출맥(穿心出脈)하거나 또는 여러 봉우리가 연기용발(連起聳拔)하거나 혹은 사루하전(辭樓下殿) · 오성취강 · 칠정연반으로 중기중락(中起中落)하여 호협이 공조하고 기상이 현출하면 그 행룡에서는 혈을 맺게 마련이다. 반대로 용이 유약하고 불기불복하거나 개금을 못하면 이런 산에서는 혈을 맺지 못한다.

그러나 선길변흉(先吉變凶)도 있고 반대로 선흉변길도 있게 마련이다. 길다흉소(吉多凶小)면 역량은 약해도 혈을 맺을 수 있으나 흉다길소면 진혈은 없다.

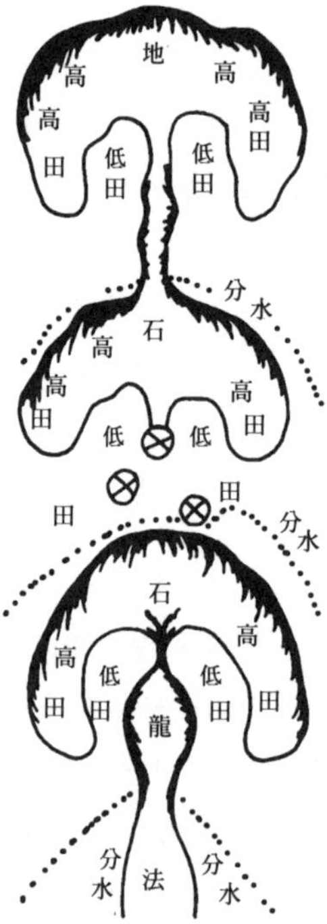

지맥출신도

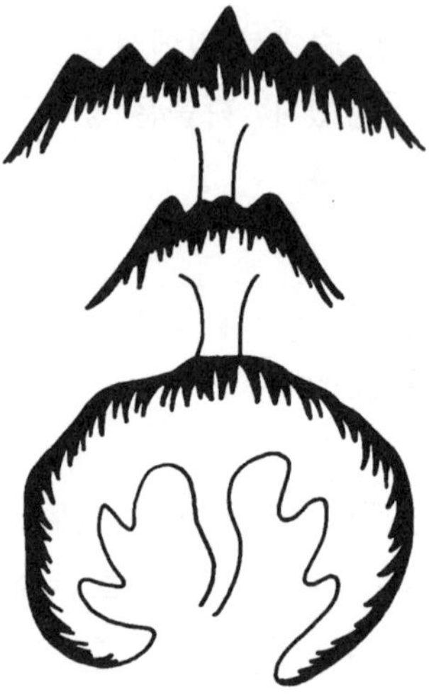

농맥출신도

2. 개장(開嶂)

보통 개장천심(開帳穿心)이라고 한다. 산봉우리의 어깨 끝이 활 모양으로 앞으로 구부정하여 그 중앙에서 출맥하는 것을 말한다. 개장이 큰 것은 수십 리를 가며 여러 겹이고 작은 것은 2, 3

리를 간다. 여기서 주의할 것은 긴 용이 백여 리씩 가는 경우와 3, 5장(丈= 1장은 6자)에 지나지 않는 짧은 용의 경우에는 다만 중심정출(中心正出)이라고 말한다. 개장천심은 5절 이내 1절 이상에서만 적용한다.

용의 행도에서 전변이 난잡하지 않고 기맥이 산만하지 않으며 장중행도(帳中行度) · 지현 · 봉요(蜂腰) · 학슬(鶴膝) · 봉상(鳳翔) · 선탈(蟬脫) 등으로 용이 뚜렷하고 맥이 적실하면 굳이 개장천심을 필수로 하는 것은 아니다.

개장의 종류에는 첫째, 천심 끝에 높고 풍만한 둥근 봉우리를 일으키면 자대창고(自帶倉庫)라 한다.

둘째, 개장한 중에 사선천출(絲線穿出)하여 빼어난 봉우리가 서 있으면 장내귀인(帳內貴人)이라 한다.

셋째, 개장한 뒤에 양 어깨에 또는 천선(穿線) 좌우에 준수한 봉우리가 특이하게 서서 그 모양이 단정하면 암고성(暗庫星)이라고 한다.

넷째, 태조산 이래 한쪽으로 기울고 지저분하며 천출한 이후에 산란완만하거나 입혈시에 기가 없고 쪼개지고 앞에 있는 안산과 조산이 무정하면 가짜 천심이다.

개장천심도

3. 박환(剝換)

용의 탈바꿈을 말한다. 용의 형세가 노(老:뿌리)에서 눈(嫩:새싹)으로, 조(粗)에서 세(細)로, 흉에서 길로 변하는 조화의 묘미를 말한다. 용이 박환을 하면 형체가 바뀌어진다. 예컨대 금형산이 수형산이 되고 수형산이 다시 목형산으로 변한다.

용의 행도과정에서 전변천락이 있어서 살기를 털어버려야 조화의 묘력이 생긴다.

4. 과협(過峽)

용이 속기결인한 곳이다. 간룡하는 데에서 매우 중요한 부분이다.

선사는 "지리공부에서 간룡이 으뜸이며 간룡은 심협(審峽)이 관건이다"라고 했다.

그 이유는 과협에 용의 진정(眞情)이 나타나기 때문이다. 따라서 용이 진이면 과협이 역시 아름답고 과협이 아름다우면 혈 또한 확실하다. 그러므로 과협의 미악은 바로 용혈의 진위에 직접적인 영향을 미친다.

과협의 맥은 부드럽게 활동하여 물을 건너는 거미 같기도 하고, 뛰는 고기 같기도 하여, 또는 마적도하(馬跡渡河) · 우단사련(藕斷絲連) · 초중행사(草中行蛇) · 회중천선(灰中穿線)과 같이 은은한 것이 길하다. 또한 송영(送迎)과 공협(拱夾)이 있어서 호위가 주밀하고 분수가 명백하며 바람을 막아주어야 합격이다. 단순한 기복은 과협이 아님을 강조한다.

과협에서 혈의 높고 낮음과 좌우, 향수(向首)가 자연스럽게 나타난다. 과협이 정출(正出)이면 혈도 역시 정이고, 좌출이면 혈은 왼쪽, 우출이면 혈은 오른쪽에 지는 원리가 적용된다. 또 정중출맥(正中出脈)이면 혈거각하(穴居脚下)하고 각하출맥이면 혈거정상(穴居頂上)하며 흉복출맥(胸腹出脈)이면 혈거중정

(穴居中正)한다.

과협 중에서 좌사가 짧으면 청룡이 짧다. 과협이 사정(四正=子午卯酉)출맥이면 혈의 향 역시 사정이요, 사태(四胎=乾坤艮巽)출맥이면 혈의 향 역시 사태가 된다. 이와 같이 과협과 혈장이 정을 함께 한다.

과협의 분류는 여러 설이 있지만, 주요한 몇 종류만 소개한다.

장 · 단 · 활(闊) · 직 · 곡협 등은 글자의 뜻대로 해석하면 된다. 완만하게 오는 과협은 결혈처가 멀고 짧고 촉박한 과협은 결혈처가 가깝다.

음 · 양협의 구별에서 요성(凹星)과협은 양맥(陽脈)이다. 이는 개와낙맥(開窩落脈)으로 자(雌)라고 한다. 철성(凸星)과협은 음맥으로 염주를 꿰어놓은 듯하게 맥을 이어가니 웅(雄)이라고 한다.

붕홍(崩洪)은 강을 뚫고 건너가는 맥을 말하는데 필히 개장하고 양변에 모두 지각이 갖추어져야 한다. 물을 건너는 데는 반드시 석골이나 경토(硬土)로 도맥척(渡脈脊)을 이루고 이 맥척을 따라 분수(分水:수중 분수이므로 수면에서는 보이지 않는다)가 되어야 진짜다.

옥호협(玉湖峽)은 과협처에 호수나 못이 있어 맥이 수중을 통과하는 것이다. 수중과협이라는 점에서는 붕홍과 다를 바가 없으나 엄격히 말하면 다르다.

천지협(天池峽)은 과협맥의 좌우나 또는 어느 한쪽에 못과 호수가 있고 맥은 못과 호수의 양쪽 가로 과협하는 것을 말한다. 옥호협과 혼동하기 쉬우니 유의해야 한다.

5. 지각요도(枝脚櫂棹)

용의 본신에서 갈라져나온 가지의 능선을 말한다. 용의 귀천과 미악을 판별하는 기준이 된다. 지각과 요도는 엄격한 정의에서는 다르지만 일반적으로 같은 개념이다(용의 방향 바꿈을 주로 하는 것이 요도).

지각요도는 용신을 부축하여 바로잡는 일과 용의 방향전환을 도와주고 바람이나 물로부터 용을 보호하는 반면에 용의 기운을 설기시키는 흠도 있다. 용의 장단 대소에 따라 지각요도의 장단 대소도 달라지게 된다.

지각도 봉우리를 이루는 경우가 있다. 지각 자체가 기복하고 다시 가지를 낳아 옹종하며 본룡을 호종하는 것이 길하다. 좀더 세분하면 지각요도가 없는 것을 노(奴), 지각이 있기는 하되 수려하지 못한 것을 약(弱), 산만하여 수습하지 못한 것을 허(虛), 등을 돌리고 무정하여 본룡에게 정을 주지 않는 것은 역(逆), 뾰족하여 본신을 찌르는 형세면 살(殺), 기를 누설하는 것이 매우 심하여 불규칙한 것은 겁(刼), 지각의 좌우가 고르지 못하면 병(病)이라고 하여 모두 흉으로 친다.

枝脚貴格

梧桐枝(吉)

芍葯枝(吉)

簾葭枝(吉)

捲簾殿試(吉)

지각 요도의 종류

枝脚短(凶)

(蜈蚣枝)

偏枯(凶)

(楊柳枝)

無枝脚(凶)

長短不均(凶)

美惡不均(凶)

지각 요도의 종류

6. 호송(護送)

용이 행도하는데 주위를 경호하여 기의 누설을 막아주는 산들을 총칭한다. 비유하자면 귀인이 출입할 때 전후좌우에 많은 경호원들이 수행하는 것과 같다. 진룡에는 모든 산들이 영송(迎送) · 호종하는 것이다.

만약에 호종하는 산이 없이 단독으로 행하는 용은 외롭고 쓸쓸하여 진혈은 없고 신단 터나 사당 터가 될 뿐이다.

호종의 많고 적음에 따라 지기의 대소가 판별된다. 가지룡은 전호가 주밀하고 조영(朝迎)이 수려하며 송종(送從)이 단정하고 하수(下手)가 중중하여야 진혈이 가능하다.

간룡은 원영원송(遠迎遠送)과 대전대호(大纏大護)로써 물 건너에서 수종하는 것이다. 간룡이라 하더라도 입혈처에서는 시종사(侍從砂)가 가깝고 주밀하여야 진짜다.

설심부에서는 "덕불고(德不孤)라 필유린(必有隣)이니 간타호종(看他護從)하라"고 했다.

제6절 용의 성정(性情)

용기(龍氣)의 성질은 취산(聚散)이요, 정(情)은 포정배(抱正背)이다.

방정(旁正) · 노눈(老嫩) · 장단 · 진위 · 행지(行止) · 분벽(分劈) · 포배 · 빈주(賓主) · 여기(餘氣) 등이 판별의 기준이다.

1. 방정

용의 주종(主從)을 지칭한다. 정룡은 혈을 맺기 위한 주성(主星)이 되고 방룡은 정룡의 호종이 된다. 분별의 요령은 간단히 말하자면 택기특달(擇其特達)과 거중(居中)이다.

택기특달이란 주위의 산들과 비교해 특이한 산을 말한다. 큰 것들 중에서는 작은 것, 작은 것들 중에서는 큰 것, 높은 산 중에서는 낮은 산, 낮은 산들 중에서는 높은 산이 그 예다.

거중이란 여러 갈래의 분룡(分龍) 중에서 출신행도가 거중하고 성신이 특이한 것이 정룡이란 말이다. 정룡이 혈을 맺으면 방룡은 혈 뒤에서 송탁(送托)이 되기도 하고 혈 앞에서 수취관란이 되기도 하며 또는 안산과 수구산이 되기도 한다. 따라서 정룡은 존엄 · 단정 · 특이하고 방룡은 정룡의 용신(用神)이 된다.

그러나 방정은 조종(祖宗) · 당국(堂局) · 조안(朝案) · 나성(羅城)이 동일한 것이 보통이므로 분별에 신중을 기해야 한다.

2. 노눈(老嫩)

용의 생육 능력을 판단하는 기준이다. 노룡은 봉우리가 우람하고 성체가 탁하며 지각이 경단(硬短)하고 조포(粗飽)하여 박환을 못하고 말라빠져 사람으로 치면 늙은이 같은 형용이다.

눈룡은 기복 · 지현 · 견련(牽連)하여 활동과 변화가 기기묘묘

하고 박환하여 새로 돋은 나무순과 같이 부드러운 모양을 띤다. 노룡은 조종산이 되고 눈룡은 수혈산(受穴山)이 된다.

3. 장단(長短)

줄기는 길고 가지는 짧은 것이 보통이다. 그러나 길다고 좋은 것이 아니고 짧다고 흉한 것이 아니다. 다만 용이 길면 운이 오래 가고 용이 짧으면 빨리 끝날 뿐이다. 용의 장단은 용의 진위와는 상관없다.

4. 진위(眞僞)

체백의 안녕을 도모하고 자손의 보전을 위하여 정성을 다하여 구한 혈이 택사(擇師)의 잘못으로 도리어 수풍사의(水風蛇蟻)와 천사(泉砂)가 들어서 시신은 수화에 상하고 자손은 재화가 끊이지 않으니 대부분의 원인은 거짓 용에 장사한 결과다.

진룡과 위룡을 판별하는 요소는 조종 · 출신 · 행도 · 입수 · 혈정 · 하수 · 명당 · 전안(前案) · 수성(水城) 및 수구(水口)인데 핵심은 입수처다. 입수처에서 혈정이 명백하면 제반 요건이 부합하게 마련이고 혈정이 모호하면 정혈의 제반 용신(用神)일 뿐 위룡이다.

요약하면 입수 2~3절 안에서 자세하게 살펴보면 진룡 적혈은 자연히 합법하고 위룡 비혈은 얼핏 보기에는 근사하나 깊이 살피면 무정한 곳이 있게 마련이다.

용의 진위는 선사도 설명하기에 어려움이 있었던 항목이다. 귀지를 만들려는 용은 태조산으로부터 분지할 때마다 속인(束咽)하고 박환할 때마다 귀인성이나 미인성으로 봉우리를 일으켜 단정하고 아름다우며 전호가 긴밀하고 입수처에 이르러서는 다시 결인하여 특이한 기상이 있게 마련이다.

위룡은 강세(降勢)가 비록 고용(高聳)할지라도 봉우리가 개면을 안하고 행룡이 비록 길고 멀지라도 절포(節泡)가 약하기도 하고 얇기도 하여 입수처는 힘이 없고 혈성이 모호한 법이다.

5. 귀천(貴賤)

조종과 부모를 살피는 것으로 근본을 삼는다 조산(朝山)이 수려하여 혹은 사루하전 혹은 비아개장(飛蛾開帳)한 가운데서 출맥하여 호종이 미려하면 귀룡이요, 출맥부터 장개(帳蓋)가 없이 험하고 강하기만 하고 행도도 수종이 없이 외롭게 가면 천룡인 것이다. 용의 귀천은 직접 발음(發蔭)의 귀천과 관계되는 것으로 양균송은 "용불천심(龍不穿心)이면 관불입상(官不入相)이라"고 했다.

6. 주필(駐驆)

용이 행도중에 잠시 쉬어간다는 뜻이다. 이곳을 주필성진이라 한다.

이곳에서 다시 여러 용이 갈라져 분파가 시작된다. 그런 점에서 이곳은 분룡의 입장에서 보면 태조산이 되고 본룡의 행룡에서 보면 주필산이 된다. 소조산과는 다르다.

간룡하는 묘방은 주필산을 옳게 찾고 다시 주필산으로부터 분룡되는 가지들 중에서 어느 가지가 정룡이고 어느 것이 수종인가를 정확하게 가리는 것이다. 이것을 정확하게 가릴 수만 있다면 정혈을 찾기는 쉬운 것이다.

7. 용의 행지(行止)

이를 판별함은 곧 혈의 결작 여부를 안다는 것이다. 풍수는 용수(龍水)의 기(氣)가 모이는 곳에서만 결혈하는 법이다. 용이 멈추는 곳은 현무정이 단정하고 하수 쪽의 모든 산들이 되돌아보며 좌우에서 수종하는 산들이 혈 주위에서 절하는 것처럼 보인다. 또 이수(裏水)가 회관(迴關)하며 지각이 가지런히 자리잡는 것이다. 앞의 여러 조건 중에서 가장 핵심적인 요소는 수구의 성정(性情)이다. 수구가 관쇄(關鎖)하면 용이 멈추고 안에 있는 기가 융취(融聚)한다.

8. 분벽(分劈)

분지(分枝)와 벽맥(劈脈)이란 두 말을 합하여 이르는 말이다. 용의 정기를 빼앗아가는 지각이란 뜻이다. 용은 지각을 필수로 하지만 만약에 분지 벽맥이 두껍게 보이면 본신의 정기가 약해져서 역량이 감소된다.

그러므로 분벽이 단소한 것은 귀(鬼)라 하고 장대한 것은 겁(劫)이라 하여 누태설기(漏胎泄氣)의 흉조가 된다. 그러나 이 분벽이 다시 회전하여 본신을 호종하거나 하수관란이 되면 본신의 용신(用神)이니 흉이 변하여 길이 된다. 가지룡에서는 분벽을 꺼리고 간룡에서는 분벽의 지엽마다 혈을 맺는다. 따라서 "유겁(有劫)에 방위복(方爲福)이요 무귀(無鬼)면 불성관(不成官)이라"는 구절은 간룡(幹龍)을 말함이니 잘못 판단해서는 안 된다.

9. 용의 배면(背面)

용의 무정과 유정을 가리는 방법이다. 일반적으로 개면처는 양명수미(陽明秀眉)하여 다정하게 포옹하려는 듯이 보이고 배립처(背立處)는 파쇄조악(破碎粗惡)하여 정이 없이 등을 돌리려는 듯이 보인다.

그러나 정이라고 하는 것도 회정 · 다정 · 포정 등으로 다양하여 실지에 있어서는 매우 복잡하므로 보다 자세히 설명한다.

우선 산의 배면을 세분하여 주산배면 · 호종배면 · 혈산배면으로 구분한다.

주산의 경우 행룡출신에서 면벽은 수려하고 은은강강하며 배벽(背壁)은 벽립공돌(壁立拱突)하여 조악하고 지각이 없으며 지각이 있다 하더라도 현침첨리(懸針尖利)하여 성진(星辰)을 이루지 못한다.

호종의 면벽은 주룡을 감싸려는 정이 있는 반면, 배벽은 지각이 없거나 있더라도 첨리대살하여 본신벽립하며, 혹은 용이 행도하는 과정에서 양변이 균등하여 배면의 구별이 없다가 결혈처에 이르러서야 배면이 구분되는 것도 있다. 또한 평지룡에서는 핍착하고 수할(水割)하면 배가 되고 물이 완만하고 넓게 흐르면 면이 된다.

일등룡은 기가 왕성한 곳에서 기복 · 지현하여야 합격이고, 봉우리를 이루어 과협 · 탈살하면 양변 모두에 결혈하게 되어 정방(正旁)의 구별은 있을지언정 배면을 분별하지는 않는다.

상사(上砂)는 산의 향면이 많은 반면에 하사(下砂)는 향면이 드문 법이다. 하사가 개면했다 하면 상사는 비록 개면이 아니더라도 크게 걱정할 바가 아니다.

또한 외배내면자(外背內面者)도 있고 외면내배자도 있으니 용의 성정을 살피는 데 마음을 모아야 한다. 바꿔 말하면 마치 등처럼 보이지만 성정에 있어서는 향면(向面)하는 산도 있다. 따라서 지사는 신중하게 정이 있는가 없는가를 잘 살펴야 한다.

10. 빈주(賓主)

이것은 혈을 맺는 산과 앞에서 맞아주는 산을 구별하는 말이다. 중요한 것은 주빈이 서로 형세가 비슷하고 정의가 잘 통해야 하는 것이다. 만약에 빈산(賓山: 손님 산. 앞에서 주인과 응대하는 산)이 주산을 능압하거나 성정이 서로 통하지 않는 것은 꺼리는 바이다. 주빈의 구별이 분명치 못하면 "쟁룡쟁주(爭龍爭主)"라 하여 흉으로 본다. 주산은 특이하고 빈산은 행도에 부족함이 있어야 합격이다. 빈주 판별의 요령은 물이 회포하면 주산이 되고 반궁(反弓)하는 곳은 빈산이며 물이 일자로 앞을 지나면 호종(護從)의 성정을 보아서 판단한다.

11. 용의 노종(奴從)

전송(前送)·호탁(護托)·시위(侍衛)·조영(朝迎) 등을 총칭하는 말이다. 진룡(眞龍)이 융결한 곳의 뒷면에 위치한 것은 송·탁·낙(樂)이라 하고 앞면에 자리한 것은 조(朝)·안(案)·응(應)·대(對)라고 한다. 진룡을 감싸면서 혈장의 앞에까지 감싸는 것은 전(纏)이라 하고 마주 보고 읍(揖)하는 것은 영(迎)이라 하며 좌우에 열을 지어 서 있는 것은 시위라고 하니 마치 뭇 별이 북극성을 감싸안는 것과 같은 이치다.

그러나 여기서 유념할 것은 노종을 사(砂)로 보지 않고 용으로 보는 이유는 노종에도 성진을 이루고 행도가 합격이면 혈을 맺기도 하기 때문이다.

12. 용의 여기(餘氣)

혈을 맺고도 일부분 남은 용의 기운이 행도를 계속함을 말한다. 간룡대지에 있어서는 용의 기운이 왕성하여 혈을 맺고도 완전하게 멈추지 못하고 남은 기를 지닌 산이 10여 리씩이나 앞으로 나아가서 그 역량에 따라 작은 혈을 맺기도 한다. 대지의 결작(結作)은 기운이 다 빠진 곳에 있지 않고 요중락(腰中落)이 많다.

그러나 여기서 강조할 것은 여기산이 있다 할지라도 그 여기산을 혈내용신(穴內用神)으로 수용하여야만 진짜다. 다시 말해 여기산이 하수사(下手砂) · 전호 · 관귀금요(官鬼禽曜) · 순전(脣氈) · 안산 등이 될 경우에만 혈을 맺는 까닭에 자칫 실수하면 과룡(過龍)에 묘를 쓰기가 십상이다.

제7절 용의 유격(類格)

1. 삼세(三勢)

산롱(山壟)의 세와 평강(平岡)의 세, 그리고 평지의 세, 이 세 가지를 말한다.

산롱의 세란 비교적 높은 산세로서 용약분등(龍躍奔騰)하고 기복돈질(起伏頓跌)하며 또는 촉락저앙(矗落低昻)하는 용으로서 기복맥이라고도 한다.

평강의 세란 나즈막한 산세가 좌우로 굴곡하여 달리는 뱀과 비슷한 용으로서 선대맥(仙帶脈)이라고도 한다.

평지의 세라고 하는 것은 넓은 들판에서 끊어지지 않고 연결되어 있되 주사마적이나 우단사련하여 평지 중에서 한 번 돌출하고 포전전석(布氈展席:방석자리를 펴놓은 것과 같은 모양)함이 은은한 용으로서 평수맥이라고도 한다.

그러나 용의 변화하는 모습은 천태만상이어서 어찌 삼세로서만 한정할 수 있겠는가만 크게 보아 삼세로 구별한다. 높은 산에서는 기복맥이 많고 평강에서는 선대맥이 많으며 평지에서는 평수맥이 대부분이다. 이 삼세는 모두 고산대롱으로부터 시작하여 평강, 또는 평지로 나뉘어 떨어지는 것이다. 용의 우열이나 경중에는 관계없다.

起伏脈

仙帶脈

平受脈（一）

（勢如浪湧）

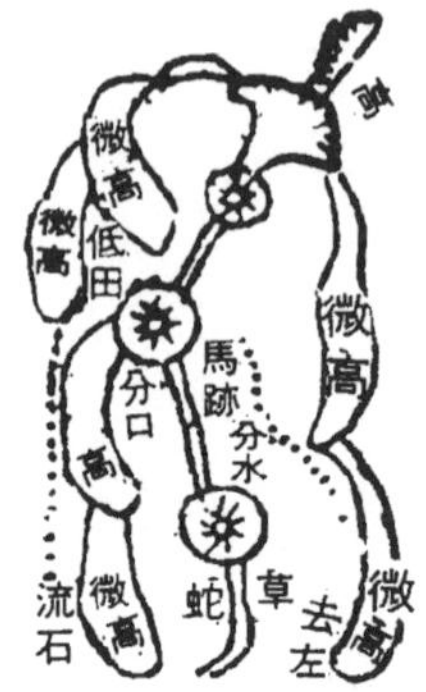

平受脈（二）

（高一寸低一寸）

삼세

2. 삼락(三落)

초락 · 중락 · 말락을 말한다.

초락은 태조산 혹은 조산으로부터 가까운 거리에서 혈성을 일으킴으로 조산(朝山)이 높고 조산(祖山)이 바로 낙(樂)이나 장(障)이 된다. 할아버지 밑에 같은 일가로서 전후좌우의 산이 주밀하게 감싸야 진혈이다.

중락은 요중락이라고도 하며 조산으로부터 떨어져 높게 또는 낮게 오다가 중간에서 홀연히 큰 봉우리를 일으켜 소조산을 만든다. 이어 소조산 아래 두어 절에서 다시 봉우리를 일으켜 결정강세(結頂降勢)하여 과맥낙국(過脈落局)으로 속인, 융결한다. 조 · 영산이 절하듯 맞이하고 용의 허리는 뒤를 감아주고 갈려져나간 여기산은 옹조 · 하수 · 관란 · 성곽 등으로 뒤돌아보며 혈을 포근히 안아야 진혈이다.

말락은 조산에서 떨어져 먼 거리를 온 뒤에 행룡이 거의 끝나고 큰 강물이 가로막는 곳에서 큰 산을 일으켜 소조산을 만들고 이 소조산 두어 마디 아래 결정강세하여 속기 결인하여 혈장을 만든다. 한쪽 팔이 물을 횡으로 막아주거나 또는 몸을 돌려 역으로 감쌀 수도 있다(回龍). 또 평지로 내려앉아 혈을 맺기도 한다. 어떠한 경우에도 큰 강과 강 건너에 멀리 있는 산이 앞에서 응대해야 하고 규모가 광대하며 국세가 광활하여야 진혈이다.

이 밖에 낙맥의 종류에 방락(旁落) · 미기락(未起落)을 말하는 학자도 있다.

3. 출맥삼격

용의 천락(穿落)과 전변의 형태에 따른 분류로 중출맥 · 좌출맥 · 우출맥의 3격으로 나눠 역량의 경중 · 대소를 판단하는 지표로 삼기도 한다.

4. 형세12격

용격의 분류인데 『설천기(泄天機)』에서 설명하고 있는 생룡 · 사룡 · 강룡 · 약룡 · 순룡 · 역룡 · 진룡 · 퇴룡의 8격에다 복룡 · 병룡 · 겁룡 · 살룡의 4격을 합하여 모두 12격으로 분류한다. 학파에 따라서는 생 · 사 · 왕 · 쇠 · 은 · 반 · 독 · 고 · 산 · 광 · 편 · 천(生死旺衰隱盤獨孤散狂片賤)으로 나누기도 하나 필자는 찬동치 않는다.

(1) 생룡

출신 이래로 오르락내리락하며 움직임이 왕성하여 마치 고기가 뛰고 새가 나는 것과 같은 형세로 생기가 넘치는 용을 말한다.

생룡

(2) 사룡

조산에서 떨어져나온 이래로 기복이 없고 가지가 없이 경직되어 마치 죽은 뱀과 같은 형세를 하여 전연 생동감이 없는 용이다.

(3) 강룡

조산에서 떨어져나온 이래 형세가 매우 강하고 역량이 성대하여 스스로 행동하는 것이 마치 맹호가 먹이를 잡는 것과 같고 목마른 용이 바다에 들어가는 것과 같다.

생기가 약동하는 용으로 그 도가 지나치면 광룡(狂龍)이 되어 길한 것이 변해 흉이 될 수도 있다.

(4) 약룡

봉우리가 나약하고 지각이 짧으며 본체가 축 늘어져 힘이 없는 형세다. 마치 말라빠져 피골이 상접한 중환자와 같은 용이다.

약룡

(5) 순룡

봉우리가 위에 있는 것은 높고 앞으로 갈수록 낮아지며 좌우 둘러쌈이 마치 뭇신하들이 군왕을 모시는 것과 같은 용이다.

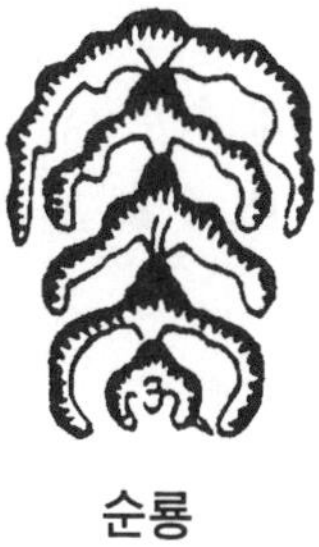
순룡

(6) **역룡**

순룡의 반대로 봉우리와 지각이 역행하며 요도(橈棹)가 혈장을 감싸지 못하는 흉한 용이다.

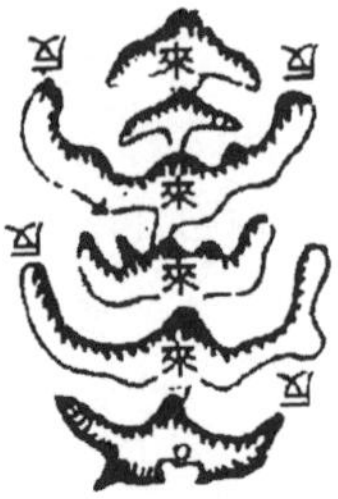

역룡

(7) **진룡**

지각이 고르며 행도가 엄연하여 조산에서 출맥한 이래로 움직임에 순서가 분명하여 노에서 눈으로, 조에서 세로 박환함이 마치 기러기가 나는 형세와 같이 앞으로 나아갈수록 변화가 뚜렷하다.

진룡

(8) **퇴룡**

진룡의 반대로 성신과 지각의 차례가 역으로 되어 시소종대(始小終大)하고 용저혈고(龍低穴高)함이 위계질서를 어기는 형세다. 흉룡이다.

퇴룡

(9) 복룡

조종이 귀격이고 호종이 주밀하여 마치 복 있는 사람이 선대의 음덕을 입고 시종을 거느리며 안락하게 살고 있는 형세와 흡사한 용이다.

복룡

(10) 병룡

본체가 아름다운 중에서도 흠결이 있는 용이다. 첫째는 지각의 병으로 한쪽은 길하고 한쪽은 흉하거나 또는 한 마디는 활발하게 변하고 한 마디는 죽은 듯이 뻣뻣한 모양을 하고 있다. 또 봉우리의 미추가 한결같지 않다. 둘째 용신의 병으로 요긴처가 흙이나 돌로 끊어졌거나 무너진 것 또는 도로나 개간으로 파손된 것 혹은 묘를 많이 썼다가 파므로 진혈이 파손된 것 등을 들 수 있다.

(11) 겁용

분벽이 과대한 용으로 적서(嫡庶)가 분명치 않고 방정(旁正)을 구별할 수 없으며 진기가 흩어지고 모이지 않는 것이다. 가지들이 반대로 내달리고 뾰족한 돌 등이 있어 본신의 기를 누설한 흉룡이다.

(12) 살룡(殺龍)

살기를 벗지 못한 용으로 험악하고 얼굴이 부서지거나 한쪽으로 기울거나 뻣뻣하여 보기에 두려움을 안겨주는 용이다. 흉룡이다.

5. 수혈삼등(受穴三等)

정수(正受) · 분수(分受) · 방수(旁受)의 3종류로 역량의 경중의 차이를 논한다.

정수혈은 용세와 결혈이 올바른 것으로 수많은 산들이 모두 혈을 위해 있다. 역량이 크고 복이 오래 간다.

분수혈은 정통 가지가 아닌 다른 가지의 중간에서 갈라져 다시 봉우리를 일으켜 개국, 결혈한 것을 말한다. 다른 용을 위해 있는 용이 아니고 스스로 당국을 만들어 혈을 맺은 것으로 역량의 대소는 용의 장단에 따라 달라진다.

방수혈은 왕성한 정룡의 과협처, 지각 사이, 전송호탁의 용에서 또는 청룡 백호의 남은 기운 등에서 맺은 작은 혈을 말한다.

혈형 · 혈정이 명백하고 사면등대(四面等對)면 발음(發蔭)은 하나 머지않아 패망지가 된다. 특히 정수혈에 묘를 쓴 뒤에는 용의 기운을 빼앗겨 패망하게 된다.

6. 입수 5격

용신이 혈을 맺기 위해 입수할 때의 모양에 따른 구분이다. 직룡입수 · 횡룡입수 · 회룡입수 · 비입수(飛入首) · 잠입수(潛入首)의 5격과 외격으로 섬룡(閃龍)입수가 있다.

직룡입수는 혈성의 봉우리가 맥과 맞닿아 혈을 맺은 것이다. 길흉의 결과가 빠르고 국세가 웅대하여 그 남은 기운이 전(氈) 또는 요(褥)가 된다.

횡룡입수는 혈성의 어깨 쪽이 맥과 이어져 혈을 맺은 것을 말한다. 우래(右來) · 좌래(左來)의 구별이 있고 반드시 혈성 뒤에 귀와 낙이 있어야 진이며 원진(元辰)이 길면 흉이다.

회룡입수는 용신이 준순(逡巡)하여 조종산을 향해 혈을 맺은 것으로 대회룡 · 소회룡 · 반룡(盤龍)의 구분이 있다.

비룡입수는 상취앙고(上聚仰高)하여 혈을 맺은 것으로 사응(四應)이 모두 높으면 기가 위에서 모여 앙세결혈이고 역량이 매우 커 대귀가 난다. 그러나 수불취와(水不聚窩)하니 교아관쇄가 필수이며 또한 혈 앞이 평탄하고 혈장이 안정감이 있어서 등혈부지고(登穴不知高)여야 진짜다.

잠룡입수는 용의 기운이 평지에 내려앉아 혈을 맺은 것을 말한다. 소위 지룡평수맥인데 평지에 내려올 때 다른 가지가 없거나 혹 있다면 본신의 호종으로 나에게 쓸모가 있어야 진룡이다. 평지가 오목하거나 겸구로 개구하고 물이 둘러싸야 진국이니 세심하게 살펴야 한다.

섬룡입수는 용맥이 옆으로 살짝 떨어져 혈을 맺은 것이다. 산능선은 곧장 가고 맥은 옆으로 떨어져 국을 이룬 것이 확실하고 혈의 증거가 보여야 진짜이다. 곧바로 간 능선만 따라가다가는 혈을 찾지 못한다.

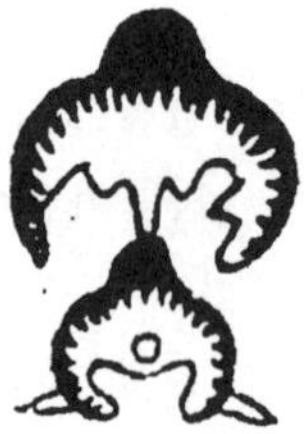

直龍入首

橫龍入首

飛龍入首

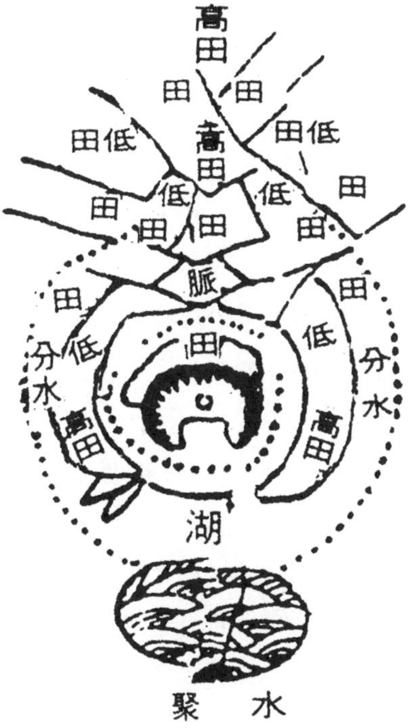

潛龍入首

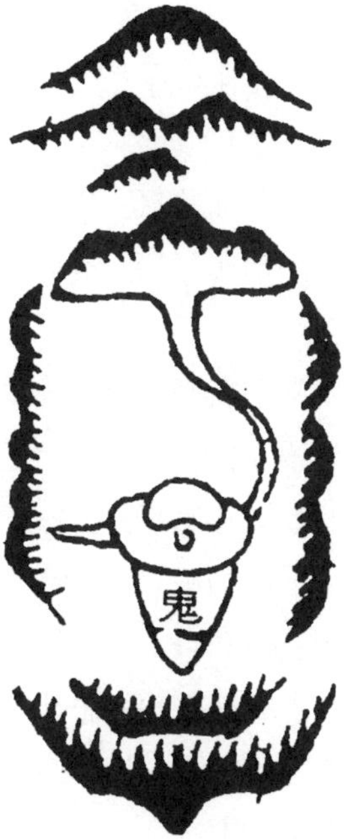

回龍入首

입수5격

7. 입혈 12맥(入穴十二脈)

용이 혈을 맺기 위해 입수할 즈음에 결인속기하여 입혈하는 맥의 구분이다. 앞에서 설명한 출맥삼격은 용이 나아가는 데 있어 출신낙맥의 구분이고 여기서 설명하는 12맥은 다만 수혈 일절만을 논한다.

정맥(正脈)은 성진이 단정하고 중출맥이다.

편맥(偏脈)은 좌출맥과 우출맥을 말한다. 역량에 차등이 있다.

대맥(大脈)은 활맥(闊脈)이라고도 한다. 반드시 활맥 중앙에서 풀 속의 뱀처럼 은은한 맥이 있어야 진짜다.

소맥(小脈)은 용은 크고 맥은 작은 것으로 길상이다.

단맥(短脈)은 맥이 분명하고 짧은 것은 길상이고 짧고 큰 것은 흉상이다.

장맥(長脈)은 중간에 물방울 같은 것이 있어 기를 당기게 되면 길상이고 경직되어 죽은 것 같은 맥이나 바람을 막지 못하면 흉상이다.

고맥(高脈)은 관정(貫頂)이 되기 쉽다. 염주를 꿴 모습이면 취할 수 있다.

저맥(低脈)은 각하과맥(脚下過脈)이니 분수가 명맥하면 이어진 맥이고 팔자가 분명하지 못하면 끊긴 맥이다.

곡맥(曲脈)은 지현으로 굴곡한 것이니 귀상인데 과곡(過曲)하면 오히려 흉이 된다.

직맥(直脈)은 곡맥의 반대로 짧은 것은 취할 수도 있으나 일반적으로 흉상이다.

단맥(斷脈)은 높은 산이 끊어진 듯한 것으로 칼로 잘라버린 것처럼 수직이면 흉상이고 실처럼 이어졌으면 길상이다.

속맥(續脈)은 끊어진 듯하면서 계속 이어진 것으로 길상이다.

8. 결혈 5국

물의 오고 감을 기준으로 혈의 국을 구분한 방법을 이른다. 혈국(穴局)은 비록 같지 않다 하더라도 용이 진짜고 혈 또한 적실하면 국의 유형에 관계없이 발복한다.

조수국(朝水局)은 일명 역수국(逆水局)이라고도 하며 명당에 오는 조래수를 받는 형국을 이른다. 반드시 혈성이 높고 크며 여기 또는 낮은 산들이 물을 가로막아 물의 직충을 막아주는 것이 진짜다. 물은 이리저리 굴곡하거나 평전양조(平田洋朝)함이 좋고 만약 급하게 물이 쏟아져들어와 충격을 가하면 오히려 화가 된다. 천혈(天穴)이나 앙고혈(仰高穴)에서는 조래수(朝來水)가 길하지만 혈장이 약하거나 성진이 낮은 산약수강의 형세에서는 조래수가 흉이 된다. 조수국은 일반적으로 수구처에 있고 반드시 혈장이 잘 짜여져 바람을 막는 전호가 있어야 진짜다.

횡수국(橫水局)은 글자의 뜻과 같이 물이 좌측으로부터 오거나 또는 우측으로부터 와서 활처럼 혈장을 감싸는 국인데 하수

관란이 유력하여야 진짜다.

거수국(據水局)은 혈장 앞에 큰 호수 또는 연못이 있는 국으로서 일반적으로 길한 국이다. 다만 물이 깊고 맑으며 머물지 않고 흐르는 것이 참이다.

순수국(順水局)은 일명 거수국(去水局)이라고도 하며 내룡이 장대하여 역량이 광대하고 주위가 주밀하여 수구가 견고해야 한다. 비록 물은 흘러가더라도 반드시 산은 돌아봐야 진짜다. 또한 순수국은 혈을 맺어도 귀는 얻지만 재산은 없으며 초년에는 불리하니 경솔히 취하지 못한다.

무수국(無水局)은 일명 건국(乾局)이라고도 하는데 산세가 잘 모이되 명당수가 없는 국이다. 매우 높은 산에서 혈을 맺는 경우이다. 산곡에서는 바람을 가두는 것이 먼저이므로 혈장이 잘 짜여져 있으면 물이 없어도 흠이 아니다. 발복이 빠르고 재운은 창고 모양의 산이 있는가 없는가로 판단한다. 일반적으로 고관대작은 가능하나 부자는 얻기 어렵다.

9. 결국삼취(結局三聚)

앞에서 설명한 결혈 5국이 국의 형태임에 비해 이것은 국의 규모를 말한다.

대취국은 천리의 산수가 모인 곳으로 국이 대단하게 넓어 대도시를 형성할 수 있어야 좋다.

중취국은 수백 리 내지 70~80리 정도의 산과 물이 모여 국을 만드는 것으로 적절하게 넓어야 좋다.

소취국은 30~40리 내지는 50~60리 정도의 산수가 모인 곳으로 국이 긴밀하여야 좋다.

삼취국 중에서 대 · 중취국은 양기(陽基)로 이루어지는 것이 보통이다. 결혈처는 긴밀하게 수렴하여 평지 중에 돌(突)로 나타나거나 높은 곳에서 와(窩)로 나타나되 계수(界水)와 소명당이 분명하고 가까이 있는 산들이 좌우에서 쪼이고 낮은 안산이 있어서 안의 기를 모아주어야 한다. 그런 후에 넓은 나성(羅城)으로 감싸야 진혈이다. 특히 천문(天門) · 지호(地戶)를 살펴야 한다.

제2장
성진(星辰)

성진이란 산봉우리의 모양을 말한다. 기의 움직임을 용이라고 부르는 것은 변화한다는 뜻이 있고 기의 머무는 곳을 성진이라 부르는 데는 나열한다는 뜻이 있다.

이는 산봉우리들이 지상에 나열하여 있는 것이 마치 천상에 별들이 나열하여 있는 이치와 같다는 뜻에서 취한 용어다.

제1절 성진의 유형

성진의 유형은 여러 가지가 있으나 그 근본은 오행의 이기일 뿐이다. 오행의 체가 천변만화하여도 낙서(洛書)의 9궁의 이치에서 벗어남이 없다. 5와 9는 수치는 다르지만 이치에 있어서는 같은 것이다.

삼천양지(參天兩地)는 천지의 음양이기에 음양은 둘이 되나 그 수는 5이고 5중에 또한 각각 음과 양이 있어 9가 되는 것이다. 그런 점에서 5와 9의 이치에는 아무런 차이가 없다. (星宿이 움직이면 양이 되고 靜하여 있으면 음이다.)

오행생성의 체는 10이요(음 · 양), 변화의 체는 20이니(立坐 · 眠 · 臥) 합하여 30으로서 역(易)의 지수(地數) 30과 상응한다.

1 탐랑목(貪狼木)은 지8성목(地八成木)의 상(象)으로 음(陰)이고
2 거문토(巨門土)는 지10성토(地十成土)의 상으로 음이다.
3 녹존토(祿存土)는 천5생토(天五生土)의 상으로 양이고
4 문곡수(文曲水)는 천1생수(天一生水)의 상으로 양이며
5 염정화(廉貞火)는 천7성화(天七成火)의 상으로 양이고
6 무곡금(武曲金)은 천9성금(天九成金)의 상으로 양이다.
7 파군금(破軍金)은 지4생금(地四生金)의 상으로 음이다.
8 좌보목(左輔木)은 천3생목(天三生木)의 상으로 양이며
9 우필수(右弼水)는 지6성수(地六成水)의 상으로 음이다.
(*형세의 오행과 이기의 오행이 서로 다르다.)

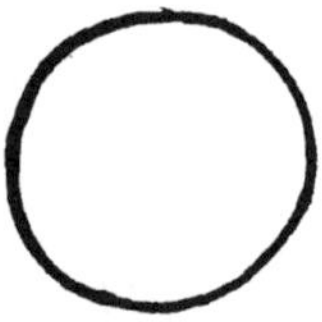

天者는 圓也요 其數는 一也라.

地者는 方也요 其數는 四也라.

三天兩地依數圖

天一生水圖

天地體가 本圓故로 山形이 上圓하고 一邊은 蕩而生水니라.

地六成水圖

地體는 方故로 山形이 上方하고 中蕩成水니라.

地二生火圖

地體는 方故로 一邊이 尖則生火之理라.

天七成火圖

天形은 圓故로 山形이 圓而尖中하여 成火之理라.

성진도(星辰圖)

天三生木圖

天體는 圓故로 山形이 圓而傍直하거
나 또는 菱角이라.

地八成木圖

地體는 方故로 山形이 體方하고
頭聳而直者는 直而成木이라.

地四生金圖

地體는 方故로 山形이 方하고
邊員者는 謂之生金이라.

天九成金圖

天體는 圓故로 山形이 圓而上中下
俱圓者는 謂之成金이라.

天五生土圖

天形圓故로 山形이 員而邊方은 謂
之生土라.

地十成土圖

地體方故로 山形이 方而上中下俱
方은 謂之成土니라.

성진도(星辰圖)

제2절 전변(轉變)과 결혈(結穴)

9성 중에서 1 탐랑 · 2 거문 · 6 무곡은 삼길성(三吉星)이고 3 녹존 · 4 문곡 · 5 염정 · 7 파군은 四흉성이며, 8 좌보 · 9 우필은 삼길성과 더불어 五길성이 된다.

그러나 길성룡(吉星龍)에서도 진혈이 없을 경우도 있고 흉성룡에서도 혈이 있을 수 있다.

탐랑은 음목이니 그 아래서 유혈(乳穴)을 맺고
거문은 음토이니 그 아래서 채겸(釵鉗)으로 나고
녹존은 양토로서 그 아래서 소치혈(梳齒穴)을 맺고
문곡은 양수로서 그 아래서 평지식혈(平地息穴)이 나고
염정은 양화이니 그 아래서 이벽혈(銂鐴穴)을 맺고
무곡은 양금이니 그 아래서 와혈(窩穴)이 나며
파군은 음금이니 그 아래서 장유모과혈(長乳矛戈穴)이요
좌보는 양목이니 그 아래서 앙와(仰窩)로 맺고
우필은 정형이 없다.

그러나 이와 같은 원칙은 정체(正體)에 한하여 설명한 것이며 변체에서는 달라지는 경우가 있다.

구성의 변격에는 길과 흉의 구별이 있기는 하지만, 변화하지 아니하고는 혈성을 맺지 못하는 법이다. 반드시 전변하여 다시 봉우리를 일으킨 다음에 혈성을 맺게 된다. 이곳을 혈후만두(穴後巒頭)라고 한다. 이 혈성에 대해서는 제3장 혈법에서 설명하게 된다.

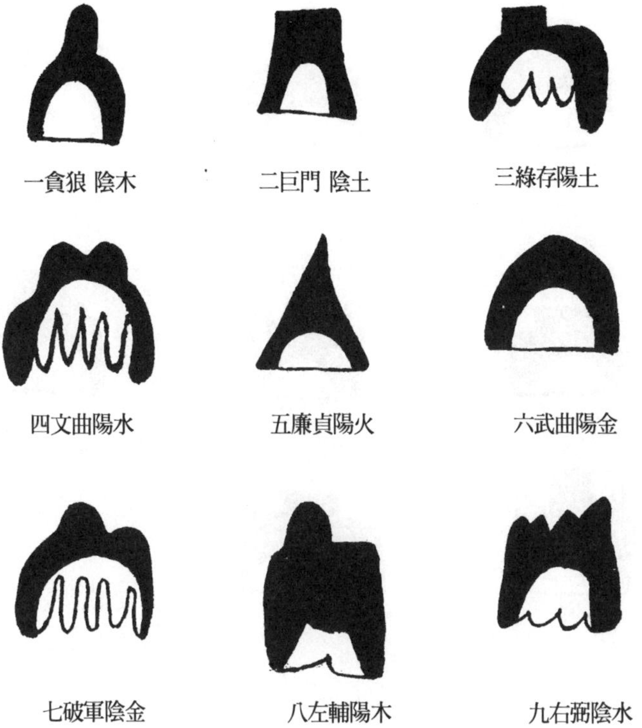

구성정체도

一貪狼

九星各五變 四十五體圖

夾金

夾土

二巨門

巨門夾土

夾木

夾水

夾金

夾火

三綠存

綠存夾木

夾水

夾火

夾金

夾土

구성전변도

四文曲

文曲夾木

夾水

夾火

夾金

夾土

五廉貞

廉貞夾木

夾水

夾火

夾土

夾金

구성전변도

六武曲

武曲夾木

夾水

夾火

夾金

夾土

七破軍

破軍夾木

夾水

夾火

夾金

夾土

구성전변도

八左輔

左輔夾木

夾水

夾火

夾金

夾土

九右弼

右弼夾木

夾水

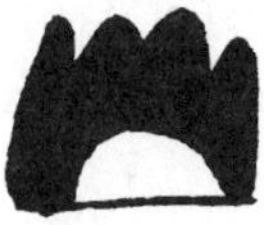
夾火

夾金

夾土

구성전변도

제3절 오성의 체성과 삼격

1. 오성의 체성

여기서는 오성의 형태와 그 성정에 대해 살펴보고자 한다.

(1) 금성

체는 둥글고 성정은 고요하다〔靜〕.

산세가 고요하고 산의 모습이 빛나면 길하고 움직임이나 요란스러움이 있으면 흉이다.

산면(山面)이 둥글게 살찌고 평정하면 길하다. 반대로 옹종하고 기울어지면 흉이다.

산머리(山頂)가 평원(平圓)하고 비만하면 길하다. 파쇄되었거나 험한 돌이 있으면 흉이다.

산각(山脚)이 고르게 둥글고 윤택하게 살찌면 길하다. 반대로 뾰족하여 달아나는 모양이면 흉이다.

(2) 수성

체는 굴곡을 지으며 움직인다. 성정은 아래로 내달리기를 좋아한다.

산세는 가로로 물결치듯 층층·첩첩하면 길하다. 산만하게 있는 것은 흉이다.

산면은 물방울이 방울방울하면 길하고 산만하면 흉이다.

산정은 둥글게 움직임이 크면 길하고 한편으로 기울어지면 흉이다.

산각은 평탄한 길을 가듯 내려 흐르면 길하고 탕연하여 거두지 못하면 흉이다.

(3) **목성**

체는 곧게 뾰족하게 뻗는 형태요, 성정은 가지를 치는 것이다. 산세는 곧고 맑게 빼어나면 길하고 기울어지면 흉이다.

산면이 윤택하면 길하고 갈라지거나 돌무더기가 있으면 흉이다. 산정은 붓끝처럼 단정하면 길하고 무디고 기울어지면 흉이다.

(4) **화성**

체는 불꽃처럼 뾰족하여 타오르는 형세고, 성정은 고요하지 않다.

산세는 움직임이 날카로우면 길하다. 그러나 탈살을 못한 것은 흉이다.

산면은 평정하고 넓지 않아야 길이고 이마가 찢어지면 흉이다.

산각은 요(曜)를 달고 있으면 길하고 반역하면 흉이다.

(5) **토성**

체는 방정하고 성정은 진정함을 좋아한다.

산세는 중후하며 우뚝 선 것이 길이고 한쪽으로 기울거나 꺼졌으면 흉이다.

산면은 고르게 우뚝 선 것이 길이고 옹종하고 움푹 꺼진 것은 흉이다.

산정은 고르게 모가 나고 살쪄 보이면 길이고 둥글고 기울어지면 흉이다.

산각은 가지런하여 단정하게 수렴하면 길하고 깨진 흔적이 있거나 반배하면 흉이다.

2. 오성의 희기(喜忌) 판단

오성은 지나치게 살이 찌거나 나약한 것은 모두 흉이다.

금성이 지나치게 살찌면 포(飽)요, 야위었으면 결(缺)이다.

목성이 지나치게 살찌면 경(脛)이요, 야위었으면 고(痼)이다.

수성이 지나치게 살찌면 탕(蕩)이요, 야위었으면 고(涸)이다.

화성이 지나치게 살찌면 멸(滅)이요, 야위면 조(燥)가 된다.

토성이 지나치게 살찌면 옹(壅)이요, 야위면 함(陷)이 된다.

또 금성은 원정(圓靜)하고 불편(不偏)하여야 하며 수성은 활발하나 기울어지지 않아야 하고 목성은 특출하게 빼어나야 하되 한쪽으로 기울지 말아야 하며 화성은 너무 조급하게 보이지 않아야 하며 토성은 후정(厚正)하고 얇지 않아야 한다.

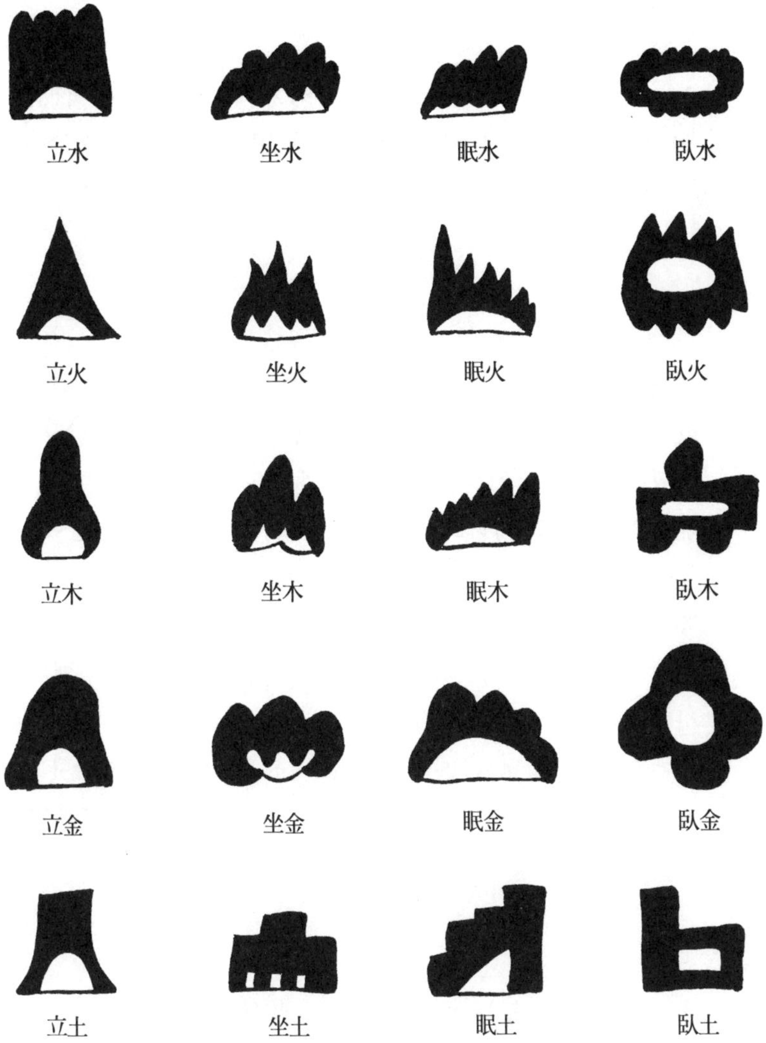
立水
坐水
眠水
臥水
立火
坐火
眠火
臥火
立木
坐木
眠木
臥木
立金
坐金
眠金
臥金
立土
坐土
眠土
臥土

오성정격(五星正格)

3. 오성의 삼격

오성의 모양은 성진이 수려하고 광채가 있는 것을 청격(淸格), 살찌고 중후하며 단정한 것을 탁격(濁格), 그리고 추악하고 살기가 있는 것을 흉격(凶格)이라고 하여 길흉을 분별한다.

(1) 청격 · 탁격 · 흉격

· 금성

청격은 관성(官星)이라고도 하며 문장 · 충정 · 정절을 뜻한다.

탁격은 위의(威儀)라 하며 권세, 재판의 직을 담당한다.

흉격은 여성(戾星)이라 하며 도적 · 살인 · 절손을 상징한다.

· 수성

청격은 수성(秀星)이라 하며 문장, 지혜와 기교, 청백의 뜻이 있다.

탁격은 유성(柔星)이라 하여 병고 · 요절 · 아첨을 뜻한다.

흉격은 탕성(蕩星)이라 하여 간음 · 요절 · 익사의 뜻이 있다.

· 목성

청격은 문성(文星)이라 하여 문장 · 명예 · 귀를 뜻한다.

탁격은 재성(才星)이라 하여 기예를 의미한다.

흉격은 형성(刑星)이라 하여 잔병 · 불구 · 수형(受刑)의 뜻이 있다.

· **화성**

청격은 현성(顯星)이라 하여 문장가와 큰 벼슬을 뜻함.

탁격은 조성(燥星)이라 하여 간악 · 요절 · 흉사의 의미가 있다.

· **토성**

청격은 존성(尊星)이라 하여 왕후 · 오복구비를 뜻한다.

탁격은 부성(富星)이라 하여 사람〔後孫〕· 거부를 상징한다.

흉격은 체성(滯星)이라 하여 옥사 · 질병을 뜻한다.

(2) **고산 · 평강 · 평지**

또한 오성은 그 높낮이에 따라 고산(高山) · 평강(平崗) · 평지(平支)의 삼격으로 구분한다.

· **금성**

고산은 머리가 둥글고 빛이 나며 윤택한 것이 길하다.

평강은 엎어놓은 삿갓 같고 받침이 둥근 것이 길하다.

평지는 광채가 나고 현릉(弦陵)이 있어야 길하다.

· **수성**

고산은 개장하고 횡으로 널찍한 것이 길하다.

평강은 구불구불〔之玄〕하여 흐르는 물과 같은 것이 길하다.

평지는 자리를 깔아놓은 품세의 것이나 물결처럼 고저가 있어야 길하다.

· 목성

고산은 붓처럼 우뚝 서야 길하다.

평강은 이리저리 굴곡이 있어야 길하다.

평지는 약간 둥근 맛이 있게 곧고 마디마디 이어져 있어야 길하다.

· 화성

고산은 불꽃 같고 수려한 것이 길하다.

평강은 물과 균형이 맞아야 수화기제로서 길하다.

평지는 평탄한 가운데 요성(曜星)이거나, 물 속에 돌들로 이어져야 길하다.

· 토성

고산은 병풍 또는 창고와 같이 단정하게 모가 나야 길하다.

평강은 책상과 같은 모양이 후덕하고 둔중하게 보여야 길하다.

평지는 네모 반듯하고 높낮이가 있어야 길하다.

제3장
혈법(穴法)

제1절 심혈(審穴)의 요체

지금까지 용에 관하여 설명했다. 간룡(看龍)은 생기의 흐름을 살피는 법이다. 뒤에 살필 사(砂)와 수(水)는 보국(保局)의 조건을 찾는 법이다.

이제 살펴볼 심혈(審穴)은 생기의 취주처(聚注處)를 살피는 방법이다. 풍수지리라는 학문은 자연생성의 일석지지(一席之地), 곧 혈장을 찾을 수 있는 눈을 갖추는 것이다.

용이 참이면 혈 또한 참이어야 하며, 용이 가짜라면 혈 또한 가짜일 수밖에 없다. 이 중 어느 하나만이 진짜거나 가짜일 수가 없는 것이 용과 혈의 관계다. 그래서 용과 혈은 반드시 상등

(相等)하다고 지가서는 말하고 있다. 따라서 용이 진이면 혈도 적실하고 혈이 진짜면 모든 사수(砂水)가 자연히 법에 맞게 되어 있는 것이 천지의 이치다.

선사들은 "용 공부 3년이요, 혈 공부 10년이라"고도 하고 "모래밭에서 바늘 찾기와 같다"고도 하고 "천리내룡(千里來龍)에 일석지지(一席之地)라"고도 하여 심혈의 어려움을 말했다. 그런가 하면 용은 인체의 경락에 비유하고 혈은 침 놓는 점에 비유하여 정확성을 강조하기도 했다. 그러나 심혈도 또한 일정한 법칙이 있으니 순서에 따라 연구하고 익혀간다면 어려울 것이 없다고 하겠다.

심혈의 4요소는 혈성(穴星)·혈형(穴形)·혈증(穴證)·혈기(穴忌)인 바 이 절에서는 그 개요를 설명하고 2절부터 하나하나의 요소를 논하고자 한다.

풍수의 목적은 혈을 찾는 데 있다. 혈이 정확한 곳이어야 생기를 받고 감응이 오게 마련이다. 『장경』에는 "호리지차(毫釐之差) 화복천리(禍福千里)"라 하였고 『설심부』에는 "일호천리(一毫千里) 일지만산(一指萬山)"이라 하여 심혈의 정확도를 강조하였다. 양균송도 "렌즈의 초점과 같다"고 했다. 곧 심혈은 지학의 핵심인 것이다.

심혈의 요체는 첫째 조종산의 위엄을 살피고, 둘째 내룡의 기세를 보아서 혈이 있을 만한 곳을 답사하여 보국의 정도와 주위의 사(砂)와 풍수의 내거(來去)를 깊이 살피며 나경을 사용하여 기(氣)를 점검한다.

길지에는 천지의 양기가 상응하여 주변의 모든 산수가 혈장을 위하여 존재한다. 이런 곳은 바람이 혈장을 감싸고 돌면서 습기를 막아주고 물이 혈장을 감싸고 돌면서 건조를 막아준다. 산 · 수 · 풍이 일체가 되어 산수가 서로 합하고 음양이 배합한 천장지비(天藏地秘)의 중화지지(中和之地), 그곳이 곧 진혈인 것이다.

혈형도

제2절 혈성

1.혈성의 판별법

성(星)이란 것은 천상(天象), 곧 지형(地形)을 말하는 것이다. 여기서 혈성이라고 하는 것은 행룡이 끝나고 혈을 맺으려는 산(혈장이 소속된 성진)의 형상에 따른 분별법이다. 이는 뒤에 논할 혈형과는 다르다는 점을 먼저 밝혀둔다.

혈성은 5성 · 3격으로 나누기도 하는데 필자는 요금정의 혈9성법을 따른다.

심혈에 있어서 용신낙처(龍身落處)에 혈이 맺는 것은 성진의 형체에 따라 혈심처(穴心處)와 장법(葬法) 및 화복이 정하여지는 것이므로 성진파악이 곧 심혈의 관건이 된다.

혈성을 파악하는 요결은 첫째 진짜냐 가짜냐〔眞與假〕이니, 혈성이 참이면 산수가 조응하고 가짜면 곧장 가버리고 만다.

둘째는 생이냐 사냐〔生與死〕이니, 장풍득수면 살아 있는 것이요, 기가 흩어지면 죽은 것이다.

셋째는 순이냐 역이냐〔逆與順〕 하는 것이니, 산각이 감싸면〔廻抱〕 역으로 살아 있는 것이고 물을 따라가면 순으로 죽은 것이다.

넷째는 묵은 가지냐 새 가지냐〔老與嫩〕이니, 늙은 것은 죽은 것이요, 새싹은 꽃을 피우는 살아 있는 것이다.

또한 혈성에는 팔반(八般)의 병이 있으니 자세히 살펴야 한다.

팔반병이란 참수(斬首: 머리가 잘린 것), 쇄뇌(碎惱: 험한 돌이 박힌 것), 단견(斷肩: 어깨가 잘린 것), 부도(剖度: 뇌에 깊은 골이 있는 것), 절비(折臂: 좌우의 팔이 잘린 것), 파면(破面: 얼굴의 골이 깊은 것), 함족(陷足: 다리가 물 속에 깊이 빠진 것), 토설(吐舌: 끝이 뾰족한 것)을 말한다.

하나의 성진에는 각각 입(立) · 면(眠) · 좌(坐)의 삼세가 있고 또한 대 · 소 · 고 · 저 · 수(瘦) · 비(肥)의 육격이 있으며 압(壓) · 장(藏) · 탈(脫) · 섬(閃)의 사살(四殺)이 있다.

2. 구성정변(九星正變)

9개 성진의 변화형상을 말하는 것으로 그 변화는 천태만상이나 9변으로 통할할 수 있다. 9변이란 정체(正體) · 개구(開口) · 현유(懸乳) · 궁각(弓脚) · 쌍비(雙臂) · 단고(單股) · 측뇌(側腦) · 몰골(沒骨) · 평면(平面)의 형상을 말한다.

9성 정체의 종류를 먼저 살펴보자.

금성이 토성을 거느리면 태양금성(太陽金星)이다.

수성이 금성을 거느리면 태음금성(太陰金星)이다.

금성이 수성을 끼고 있으면 금수성(金水星)이다.

순수한 목성은 자기목성(紫氣木星)이라고 한다.

순수한 토성은 평뇌천재성(平腦天財星)이다.

토성이 중앙에 있고 양쪽에 수성과 금성을 거느리면 금수쌍뇌천재성(金水雙腦天財星)이라 한다.

토성이 중앙에 있고 양쪽에 토성과 금성을 거느리면 요뇌천재성(凹腦天財星)이라 한다.

순수한 수성은 소탕수성(掃蕩水星)이라 한다.

순수한 화성은 조화성(燥火星)이라 부른다.

머리는 금성이고 다리가 화성이면 천강성(天罡星)이라 한다.

머리는 금성이고 다리가 목성이면 고요성(孤曜星)이라 한다.

구성 각구변(九星 各九變)

正體太陽

峽中清秀者

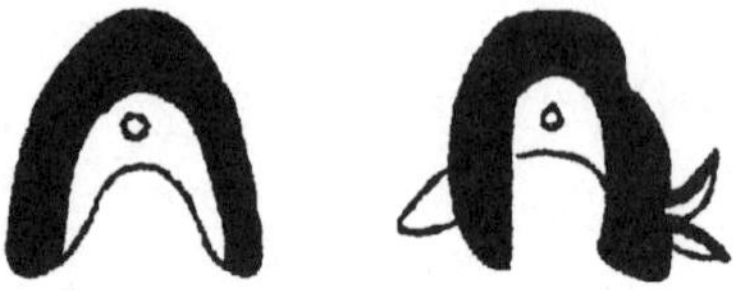

平野緩濁者

頭方圓面姸嫩身高似木然紫氣則前後左右間有菱角
太陽則無菱角但圓滿其氣安潤
(태양은 산머리는 둥글고 면은 곱고 예쁘며 몸은 높다. 얼핏 보면 자기목성과 비슷하나 목성은 뾰족한 모서리가 있고 태양금성은 모서리가 없이 원만할 뿐이다. 즉 능각〔뾰족한 모서리〕이 있느냐 없느냐로 판단한다.)

疊身太陽

擺燥太陽

擺蕩太陽

夾陽太陽

夾陰太陽

夾才太陽

夾雙腦太陽

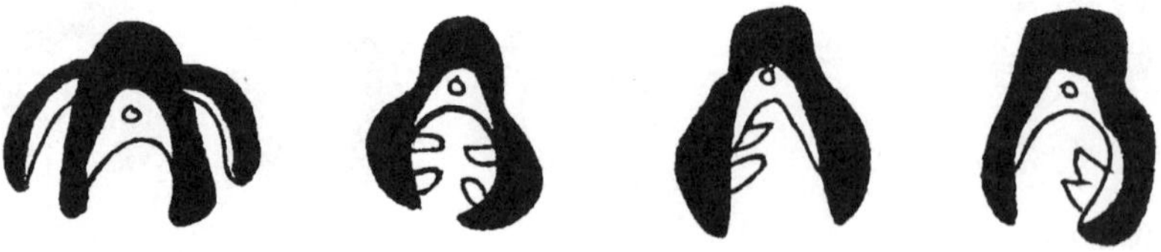

夾出太陽

揚曜太陽

開口太陽

懸乳太陽

弓脚太陽

單股太陽

雙臂太陽

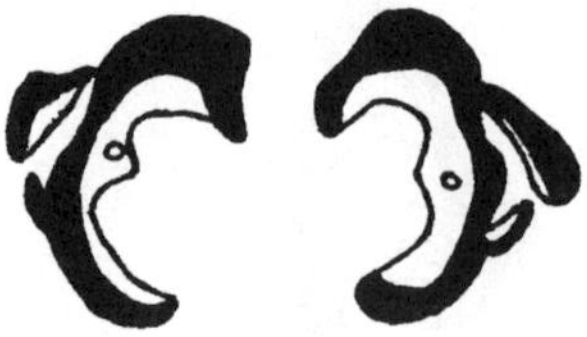

側腦太陽

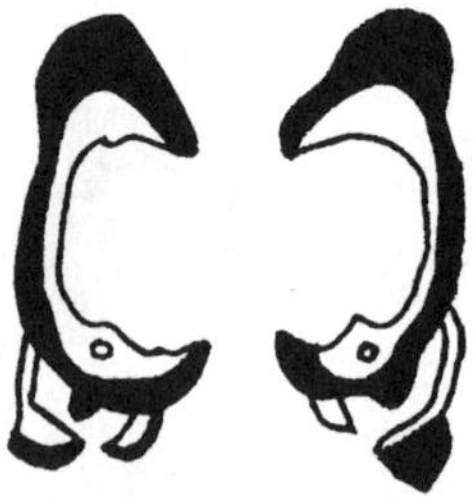

沒骨太陽

平面太陽

太陰

頭圓平面身低(산허리는 둥글고 면은 평평하며 몸은 낮다.)

正體太陰

平地緩者

山峽峻者

疊身太陰

夾陽太陰

開口太陰

懸乳太陰

弓脚太陰

單股太陰

雙臂太陰

側腦太陰

沒骨太陰

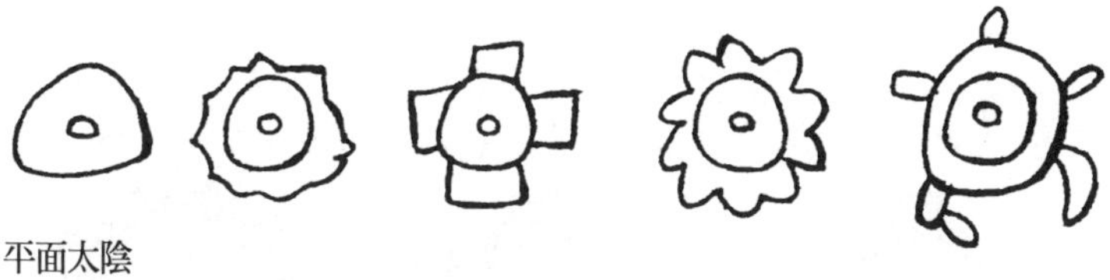

平面太陰

金水

頭圓面平身低에 兩邊有水하니 禽形이 허다하다.

正體金水

平地緩平者

山峽高峻者

疊身金水

開口金水

懸乳金水

弓脚金水

單股金水

雙臂金水

側腦金水

沒骨金水

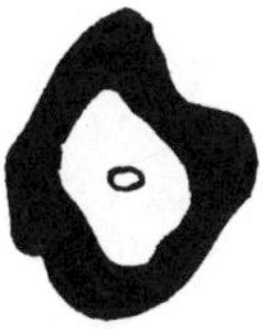

平面金水

梅花

蓮花

牧丹

游魚

土星天財(일명平腦)

頭平面瀨身低니라.

正體平腦

疊身平腦

開口平腦

懸乳平腦

弓脚平腦

單股平腦

平面平腦

雙腦土星天財

金水天財는 名曰雙腦로 一邊金一邊水에 中有土星이라.
(한쪽 어깨는 금성이며 다른 한쪽 어깨는 수성이고 그 중간은 토성이다.)

正體雙腦

開口雙腦

懸乳雙腦

弓脚雙腦

單股雙腦

雙臂雙腦

側腦雙腦

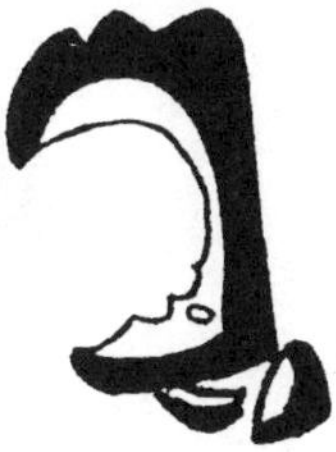

沒骨雙腦

平面雙腦

凹腦天財

一邊은 金星이고 一邊은 土星이며 중앙은 오목하다.

正體凹腦

開口

懸乳

弓脚

單股

雙臂

側腦

沒骨

平面

紫氣木星

頭直身高面嫩에 有菱角이라.

正體紫氣

開口紫氣

懸乳紫氣

弓脚紫氣

單股紫氣

雙臂紫氣

側腦紫氣

沒骨紫氣

平面紫氣

掃蕩

頭蕩身低面추에 有菱角이라.

正體掃蕩

疊身掃蕩

開口掃蕩

懸乳掃蕩

弓脚

單股掃蕩

側腦

沒骨

平面掃蕩

燥火

頭突身高面硬에 八面이 皆菱角이라.

正體燥火

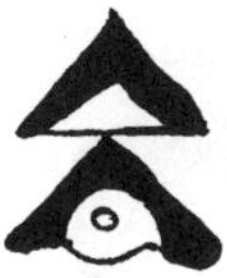

疊身燥火

開口燥火

懸乳燥火

弓脚燥火

單股燥火

雙臂燥火

側腦燥火

沒骨燥火

平面燥火

天罡

頭圓面夲身高에 金頭火脚이라.

正體天罡

開口天罡

懸乳天罡

弓脚天罡

單股

雙臂

側腦

沒骨天罡

平面天罡

不可用之

孤曜

頭圓面飽身高에 金頭木脚이라.

正體孤曜

開口孤曜

懸乳孤曜

雙曜

雙爪

弓脚孤曜

單股孤曜

雙臂孤曜

側腦孤曜

沒骨孤曜

平面孤曜

이상을 살펴보면 그 이름은 9개이나 형체는 모두 11개이다. 이들 11개의 성진이 각각 9번 변하면 99격이 된다. 이는 조화의 원수(元數)이다.

구성11체 중에 금성과 토성이 다른 성진보다 많은 이유는 천(天)의 체는 원(圓)하여 금이고 지(地)의 체는 방(方)하여 토가 되는 원리에 따른 것이다. 산의 봉우리도 천(天)의 정기(正氣)를 받게 되면 원(圓)하고 지의 정기를 받게 되면 방(方)한다. 이는 마치 부모가 아이를 낳으면 자식이 부모를 닮는 이치와 같다.

99격의 혈이 맺는 자리와 형국을 살펴보자.

(1) **태양금성**

정체: 머리는 둥글고 몸은 높다. 얼굴은 평평하고 다리는 없다. 혈은 가운데 있다. 복종형국(伏鐘形局)으로 큰 강가에 혈을 맺는다.

개구: 머리와 몸은 정체와 같고 좌우에 다리가 있다. 구중(口中)이 원정(圓靜)하고 와내충융(窩內充融)하여야 한다. 4살을 피해 혈을 잡아야 한다. 연소형국(燕巢形局)이 많다. 원두수미(源頭水尾)에서 혈을 맺는다.

현유: 개구와 형체가 같다. 다만 젖꼭지 형태로 볼록한 부분에 유의해야 한다. 혈 역시 젖꼭지에 있다. 사람의 형상을 띠고 있다. 강이나 큰 물가의 평지에 혈을 맺는다.

궁각: 개구와 형태가 비슷하나 다리 사이에 혈을 지니고 있다. 한쪽 다리가 길고 다른 쪽이 짧으면 긴쪽으로 혈을 맺는다.

다리가 서로 교차하면 가운데서 혈을 찾아야 하나 다리는 필히 역전하여야 한다. 두 다리가 눈높이보다 높으면 흉이다. 원두수미에서 낙맥하고 용의 등이나 산의 허리에서 혈을 맺는다. 형국은 선인교족형이 많다.

양비: 머리나 몸은 정체와 비슷하나 두 겹 이상의 팔을 벌리고 있는 점이 다르다. 4살을 피해 혈을 잡되 안산이 가깝고 양팔이 모두 성진을 감싸안아야 한다. 팔이 곧게 뻗거나 원진수(元辰水)가 곧게 빠져나가면 흉이다. 큰 시냇가를 좋아하며 여러 산들 사이에서〔萬山之中〕혈을 맺는다. 형국은 봉황전상형(鳳凰展翔形)이 많다.

단고: 머리와 몸은 크고 둥굴다. 다만 한쪽에만 다리가 있다. 혈은 머리 아래 맺는다. 반드시 한쪽 다리가 몸을 감싸야 한다. 바람이 혈을 침범하거나 물이 면전에서 나가면 흉이다. 큰 시냇가의 용이 다한 곳에 혈을 맺기 좋아한다. 형국은 행상형(行象形)이 많다.

측뇌: 정체와 비슷하나 한 봉우리는 높고 한 봉우리는 낮으며 어깨(높은 봉우리와 낮은 봉우리의 중간) 아래 젖이 달려 있다. 좌락입혈(坐樂入穴)하며 혈거금수회처(穴居金水會處)다. 안산이 앞에서 도망가거나 텅 빈 것은 흉이다. 수구 근처 용의 허리에 혈을 맺는다. 형국은 하산호형(下山虎形)이 많다.

몰골: 측뇌와 그 모습이 비슷하나 젖이 없다는 점이 다르다. 기맥은 좌우로 숨어서 움직이므로 개구(開口)로 증거를 삼아야 한다. 큰 산과 작은 산이 만나는 곳에 혈을 맺는다. 명당 앞이 좁게 쪼여져야 하고 뒤에 낙성이 있어야 한다. 간룡의 끝 두 강물이 서

로 합하는 곳에 혈을 맺는다. 형국은 출란형(出欄形)이 많다.

평면: 몸은 원형을 이루고 얼굴은 평평하다. 심중유돌(心中有突)이며 돌처(突處)가 혈자리다. 시냇가나 길가에 즐겨 혈자리를 갖춘다. 형국은 금반형(金盤形)이 많다.

이상 태양금성을 중심으로 9변을 논했다. 기타의 혈 성진도 9변의 요건과 혈을 맺는 곳, 혈심처가 비슷하니 유추하기를 바란다. 이하 서로 다른 점만 약술한다.

(2) **태음금성**

정체: 뇌(腦)는 원이방(圓而方)하고 몸은 낮으며 면(面)은 평평하다. 얕은 밭 주변이나 큰 언덕에 혈을 맺는다. 또 큰 강이나 물가에 혈이 진다. 형국은 반월형(半月形)이 많다.

개구: 형국은 복토형(伏兎形).

현유: 형국은 방해형(螃蟹形). 우면형(牛眠形)이 많다.

궁각: 형국은 창룡권미형(蒼龍捲尾形).

쌍비: 천심(天心)에 혈이 자리한다. 형국은 금계고익형(金鷄鼓翼形).

단고: 형국은 금구형(金鉤形).

측뇌: 형국은 방해형(螃蟹形).

몰골: 형국은 면견형(眠犬形).

평면: 높은 산이나 평지에서 혈이 맺는다. 형국은 보경형(寶鏡形).

(3) 금수성

정체: 뇌는 원이곡(圓而曲)하고 몸은 넓으며 면은 평평하다. 형국은 보개형(寶蓋形), 석모형(席帽形), 비금형(飛禽形)이 많다.

개구: 형국은 금아고익형(金鵝鼓翼形).

현유: 형국은 금아포란형(金鵝抱卵形), 봉황하전형(鳳凰下田形), 비금류(飛禽類)가 많다.

궁각: 형국은 노원포자형(老猿抱子形).

쌍비: 형국은 봉황형.

단고: 형국은 와룡포자형(臥龍抱子形).

측뇌: 형국은 갈룡음수형(渴龍飮水形).

몰골: 형국은 봉황하전형(鳳凰下田形).

평면: 평지나 작은 언덕 또는 얕은 시내를 끼고 있는 산마루 등에 혈이 진다. 형국은 화형(花形)이 많다.

(4) 자기목성

정체: 뇌는 원용(圓聳)하고 몸은·직(直)하며 면은 평평하다. 형국은 신홀형(縉笏形)이다.

개구: 형국은 귀인단좌형(貴人端坐形).

현유: 형국은 미녀포경형(美女抱鏡形).

궁각: 형국은 미녀포아형(美女抱兒形).

쌍비: 형국은 선인무수형(仙仁舞袖形).

단고: 형국은 상비형(象鼻形).

측뇌: 형국은 낙타사주형(駱駝卸主形).

몰골: 형국은 선인측와형(仙仁側臥形).

평면: 용척에 혈을 맺는다. 형국은 횡적(横笛) 또는 횡금형(横琴形).

(5) **요뇌천재토성**

정체: 뇌는 원이요(圓而凹)하여 금토합형(金土合形)이며 몸은 방(方)하고 면은 평평하다. 혈은 점척(貼脊)인데 혈 뒤에 필히 효순사(孝順砂)와 낙사(樂砂)가 있어야 한다. 앙와(仰窩)와 무낙(無樂) 그리고 요장(腰長)을 꺼린다. 제법 큰 시냇가나 큰 밭 주변에 혈을 맺는다.

개구: 허리가 길면 안 된다. 형국은 귀인빙궤형(貴人憑机形).

현유: 형국은 거호형(距虎形).

궁각: 반룡형(蟠龍形).

쌍비: 형국은 수상형(睡象形).

측뇌: 갈마음천형(渴馬飮泉形).

몰골: 형국은 장군납마형(將軍拉馬形).

측뇌: 혈은 요변당혈(凹邊撞穴). 형국은 옥금형(玉琴形).

(6) **쌍뇌천재금수성**

정체: 뇌는 원이곡(圓而曲)하고 몸은 방(方)하며 면은 평평하다. 척후앙와(脊後仰瓦)하면 기는 앞에 있다. 중후단정함을 좋아하고 낙사가 없거나 허리가 긴 것을 꺼린다. 형국에 있어 높은 곳은 마상귀인형(馬上貴人形)이고 낮은 곳은 천마음천형(天馬飮泉形)이다.

개구: 형국은 천마등공형(天馬騰空形).

현유: 뒤에 낙사가 없어도 혈을 맺는다. 형국은 화류수등형

(驊騮垂鐙形).

궁각: 형국은 신구요미형(神驅搖尾形).

쌍비: 요중요협(凹中腰峽)해야 한다. 형국은 봉황전상형(鳳凰展翔形).

측뇌: 형국은 갈마음천형(渴馬飮泉形).

몰골: 형국은 한우출란형(寒牛出欄形).

평면: 형국은 금와저견형(金蝸煮繭形) 또는 시체형(柿帶形).

(7) 평뇌천재토성

정체: 뇌는 방(方)하고 몸은 좁으며 면은 평평하다. 방평(方平)하고 기복이 없으면 혈을 맺을 수 없고 중심이 수주(垂珠)하거나 돌출해야 진혈이다. 형국은 큰 것은 어병형(御屛形), 작은 것은 옥궤형(玉机形).

개구: 형국은 옥궤형.

현유: 형국은 우면형.

궁각: 형국은 창룡권미형.

쌍비: 형국은 복호형.

단고: 형국은 수상형(睡象形).

측뇌: 형국은 낙타음수형.

몰골: 형국은 맹호출림형.

평면: 볼록 나온 곳에 혈을 맺는다. 형국은 방반형(方盤形).

(8) 천강성

정체: 금뇌화각(金腦火脚)에 면은 평평하다. 혈이 맺지 않는다.

개구: 형국은 장군대좌형.

현유: 형국은 무공단좌형(武公端坐形).

궁각: 형국은 장군교족형(將軍蹻足形) 교아자(交牙者)는 진무대좌형(眞武大坐形).

쌍비: 형국은 금계고익형(金鷄鼓翼形).

단고: 뇌원(腦圓)하고 몸이 뾰족한 것은 혈을 맺지 않는다.

측뇌: 형국은 홍기출동형(紅旗出動形).

몰골: 형국은 우면형(牛眠形).

평면: 몸이 원이첨(圓而尖)하고 면이 돌(突)하면 혈을 맺지 않는다.

(9) 고요성

정체: 뇌는 원이방(圓而方)하고 몸은 높으며 면은 돌(突)하다. 즉 금두목각(金頭木脚)이다. 혈을 맺지 않는다.

개구: 뇌는 원이방하고 몸은 곧고 면은 평평하며 양쪽으로 다리를 벌린 것을 말한다. 외관은 비록 다리를 갖추어도 안으로 감싸고 있어야 혈을 맺는다. 형국은 금채형(金釵形) 또는 장검형(藏劍形)이 많다.

현유: 형국은 호승예불형(胡僧禮佛形). 반드시 혈이 높고 광활해야 한다.

궁각: 형국은 횡룡치미형(橫龍緻尾形) 또는 노원포자형(老猿抱子形).

쌍비: 형국은 오엽연화형(五葉蓮花形: 좌우가 갖추어진 경우), 면견형(眠犬形: 어깨가 짧은 경우).

(10) **조화성**

정체: 몸은 뾰족하거나 기울어진 형세고 면은 살이 많이 졌다. 혈은 파동처에 맺는다.

개구: 몸은 정체와 같고 면은 평평하다. 형국은 영기형(令旗形).

현유: 형국은 출진주기형(出陣走旗形).

궁각: 형국은 영자기형(令字旗形).

측뇌: 형국은 기형(旗形). 혈은 기의 꼬리에 있다.

몰골: 형국은 한우출란형(寒牛出欄形).

평면: 형국은 상아형(象牙形). 혈은 와중유돌처(窩中有突處)에 진다.

(11) **소탕수성**

정체: 몸은 곡이사(曲而斜)하고 면은 살이 졌다.

개구: 형국은 사자형(獅子形).

현유: 형국은 복수형(伏獸形)이 많다.

궁각: 형국은 사자포구형(獅子抱毬形).

쌍비: 형국은 오어형(鰲魚形).

단고: 지렁이와 같은 형상. 혈을 맺지 못한다.

측뇌: 형국은 해표형.

몰골: 형국은 맹수출란형(猛獸出欄形).

평면: 기복이 많아야 혈이 진다. 형국은 용사형(龍蛇形).

이상으로 9성9변에 대해 간단하게 설명했다. 그 중에서 형국에 관한 것은 다만 참고로 할 뿐이다.

제3절 혈형(穴形)

1. 와(窩) · 겸(鉗) · 유(乳) · 돌(突)

혈의 형체는 천태만상이나 음과 양으로 크게 나눌 수 있다. 『장서』에서 "장승생기(葬乘生氣)"라고 했다. 여기서 생기란 곧 태극이요, 요철(凹凸)은 양의(兩儀)이며 와 · 겸 · 유 · 돌은 사상(四象)이 된다. 태양 · 소음 · 소양 · 태음이 그것이며 이것이 혈형의 정전(正傳)이다.

어느 학파에서는 갈상정형(喝像定形)이라고 하여 "어느 물형은 어느 곳에 혈을 맺으며 안산은 어떤 것이다"고 논하기도 한다. 예를 들자면 비금포란형(飛禽抱卵形)은 혈이 알에 있거나 혹은 날개 사이에 있다고 한다. 또 화형(花形)에는 혈이 꽃술에 있으며 안산은 나비다라고 하는 것 등이다. 그러나 이 방법은 자칫하면 사슴을 가리켜 말이라고 하고, 용과 뱀을 구분하기 어려운 것이 흠이다. 역(易)에서 말한 "재천성상(在天成象)하고 재지성형(在地成形)"에서 형상은 오행의 형상을 말한 것이지 유물(類物)을 지칭한 것이 아니라는 점을 미루어 볼 때에 불합리함을 알 수 있다. 다만 혈증의 하나로 참고로 할 것이다.

또 다른 어느 학파에서는 36형 365체를 말하기도 하나 욕교반졸(欲巧反拙)로 번잡하여 이해하기 어려운 것이다. 혈형의 공부는 사상(四象)에 바탕을 두어야 쉽게 이해할 수 있고 이치를 습득한 다음에 각종의 정혈법을 공부하는 것이 순서다.

따라서 여기서는 와 · 겸 · 유 · 돌에 대해서만 기술한다.

(1)와형(窩形)

오목한 형으로 9성9변에서는 개구혈(開口穴)이 되며 사상은 태양이 된다. 굴혈(屈穴)·계와(鷄窩)·와저(窩底)·장심(掌心)·선라(旋螺)·금분(金盆) 등은 모두 와형을 이르는 말이다.

혈성이 개구하여 혈을 맺는데 높은 산에서나 평지에서나 결혈이 가능하지만 주로 높은 산에 많다.

와형은 심와(深窩)·천와(淺窩)·협와(狹窩)·활와(闊窩)의 4격이 있다. 또 좌우에 뭉쳐진 것이 고른 것은 정격이 되고 좌우가 같지 않은 것은 변격이 된다. 또한 좌우가 교합(交合)한 것은 장구와(藏口窩)라 하고 좌우가 서로 껴안지 못하는 것을 장구와(張口窩)라고 한다. 또 4격의 형에 각각 부앙(俯仰)이 있으니 내룡이 급하면 와중에 미유(微乳)가 있어서 혈거유맥(穴居乳脈)하고 면앙(面仰: 맥선이 완만한 것)이면 와중에 미돌(微突)이 있어서 혈심은 돌에서 지는 것이니, 곧 음양교회(陰陽交會)인 것이다.

와형은 현릉(弦陵)이 분명하고 양국(兩掬)이 깊게 둘러싸야 하며 원정(圓淨)하여 와 안에 꽉 차 있는 것이 길(吉)인데, 이렇게 되면 반드시 순전에 대(臺)가 있게 마련이다. 사각(砂角)이 증거가 된다.

深窩

闊窩

藏口窩

淺窩

狹窩

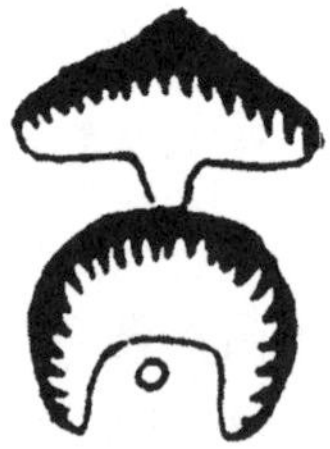
張口窩

와혈

(2) 겸형(鉗形)

부젓가락과 같은 형이다. 9성9변에서는 개각혈(開脚穴:와형보다 두 다리가 길다)이 되고 사상에서는 소양이 된다. 채겸(釵鉗)·호구(虎口)·합곡(合谷)·협혈(挾血)·선궁(仙宮)·단고(單股)·궁각(弓脚)·쌍비(雙譬) 등의 형은 전부 겸형에 속한다. 높은 산이나 평지에서 혈을 맺는다.

겸형은 8격이 있다. 직겸(直鉗)·곡겸(曲鉗)·장겸(長鉗)·단겸(短鉗)·쌍겸((雙鉗)은 정격이 되고 변직변곡(邊直邊曲)은 선궁(仙宮), 변장변단(邊長邊短)을 단고(單股), 변단변쌍을 첩지(疊指)라고 하여 변격이 된다. 각 격에는 또한 두 가지가 있다. 하나는 겸 중에 미유(微乳)가 있는 것인데 유형(乳形)이 변하여 된 것으로 혈거유두(穴居乳頭)하여 계수(界水)가 분명하고 승금자리가 원정(圓正)하여야 진짜이며 원진수가 곧장 나가는 것을 꺼린다.

다른 하나는 겸 중에 미와(微窩)가 있는 것으로 와형이 변한 것이니 혈거와간(穴居窩間)하고 현릉이 분명할 것과 승금자리가 원정할 것을 요한다. 관정(貫頂)이거나 임두(淋頭)는 혈이 아니다(身俯하면 微乳요, 面仰하면 微窩가 된다).

겸형에서 주의할 점은 진짜 맥〔靈光〕은 숨고 남은 기운이 몸에 붙어 보호하는 사(砂)가 되는 고로 혈로 들어오는 기맥이 분명하고 순전이 원형(圓形)이어야 한다는 것과 지엽 사이에서 직겸(直鉗)처럼 보이는 것은 모두 가화(假花)라는 점이다. 포만(飽滿)이 증거다.

正格(一)

直鉗

長鉗

雙鉗(一)

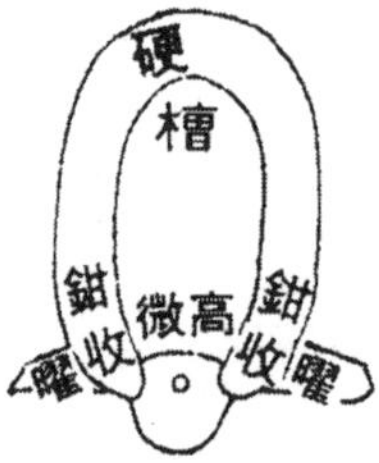

合鉗(一)

合鉗(二)

正格(二)

曲鉗

短鉗

雙鉗(二)

겸혈

(3) 유형(乳形)

여자의 젖꼭지와 같은 형이다. 9성9변에서는 현유가 되며 사상에서는 소음(少陰)이 된다. 혈성이 양비(兩臂)를 벌리고 그 중간에 여자의 젖꼭지와 같은 혈장이 생기는 형으로 높은 산에서나 평지에서 혈을 맺는다.

유형에는 6격이 있다 장유(長乳) · 단유(短乳) · 대유(大乳) · 소유(小乳)는 정격이 되고 쌍수유(雙垂乳) · 삼수유(三垂乳)는 변격이 된다. 각격에는 또한 두 가지씩의 체가 있다. 그 하나는 좌우 두 팔이 완전하게 겹처지게 감싼 것과 다른 하나는 두 팔이 감싸기는 했지만 서로 겹치지 못한 것이다. 또한 각 체마다 부앙(俯仰)의 구별이 있으니 신부(身府)하면 살에 주의하고 면앙(面仰)하면 접맥(接脈)에 신경써야 하는 법이다.

유형에서 유의할 점은 바람을 꺼리므로 직맥살(直脈殺)이 닿지 않을 것과 젖꼭지는 정중하여야 진짜이므로 만약 유두 자체가 굽은 것이면 산각(山脚)일 뿐이고 정혈은 아니라는 점이다. 또 지나치게 짧아도 가짜이다.

長乳

大乳

雙乳

短乳

小乳

기린

側乳

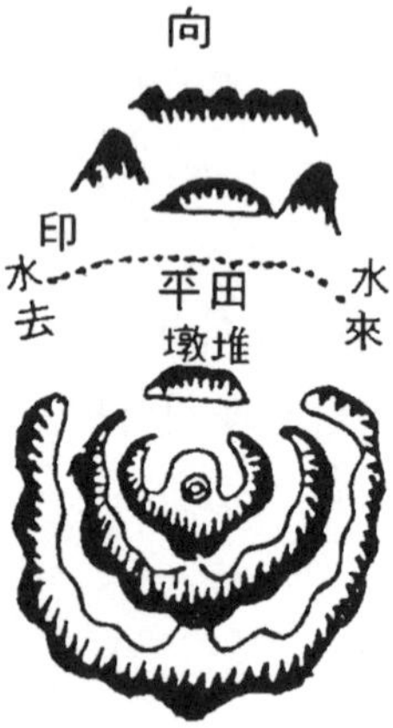

閃乳

유혈

(4) 돌형(突形)

엎어놓은 종이나 엎어놓은 솥과 같은 형이다. 9성9변에서는 평면(平面)이 되고 사상에서는 태음(太陰)이 된다. 일명 포혈(泡穴=물방울형)이라고 하며 계심(鷄心)·어포(魚泡)·아란(鵝卵) 등은 모두 돌형을 말한다. 지주결망(蜘蛛結網)이나 구사몰니형(龜蛇沒泥形) 같은 것이다.

4격이 있으니 대돌(大突)·소돌(小突)은 정격이요, 쌍돌(雙突)·삼돌(三突)은 변격이다. 이에는 또 각각 부앙의 구분이 있으니 신부(身俯)하면 진첨(溱簷)하고, 면앙(面仰)하면 진구(溱毬=올려쓴다)하는데 높은 산에서는 바람을 기피하여 주위가 막혀야 하고 평지에서는 바람은 두렵지 않으나 득수(得水)를 필요로 한다.

돌형의 유의할 점은 나성(羅星)·돈부(墩埠)·산각(山脚)·창고(倉庫) 또는 인돈(印墩) 같은 것이 모두 돌형을 하고 있으나 가돌(假突)이니 바람과 물에 대하여 각별한 주의를 요한다.

正體(一)

大突

雙突

正體(二)

小突

돌혈

2. 혈상(穴相)

혈은 승금(乘金) · 상수(相水) · 혈토(穴土) · 인목(印木)의 4 요소로 이뤄진다.

혈상을 꽃송이에 비유하면 승금은 꽃꼭지에 해당하고 상수는 꽃잎과 씨방 사이 부분에 해당한다. 또 혈토는 꽃송이의 중심처에 자리한 씨방에 해당하며 인목은 꽃잎이다. 꽃이 열매를 맺기 위해서는 암술과 수술의 가루가 수분작용을 한 후에 씨방에서 열매가 생긴다.

산의 이치도 이와 흡사하여 산수가 음양교합을 하면(수분작용에 해당), 씨방에 해당하는 혈토〔穴心〕에 생기가 축적되어 시신의 기를 길러준다.

혈상을 사람의 얼굴에 비유하자면 부모산은 사람의 머리 정수리에 해당하고 승금은 이마 부위이며, 인목은 눈 위의 미골(眉骨)에서 관골을 이은 선에 해당한다. 혈토는 코에 해당하며 상수는 코와 관골 사이의 선〔法令〕이라고 하겠다. 흡사 혈토가 승금과 상수와 인목의 보호를 받고 있는 것처럼 사람의 코도 이마와 미골과 관골의 보호를 받아서 고로(孤露)하지 아니한 것이 길상인 것과 같다. 다시 말하면 머리 정수리는 부모산, 두 귀는 대팔자(大八字), 미관은 소팔자(小八字), 법령은 하수(蝦鬚), 인중(人中)은 장구(葬口), 하관은 순전(脣氈)이다.

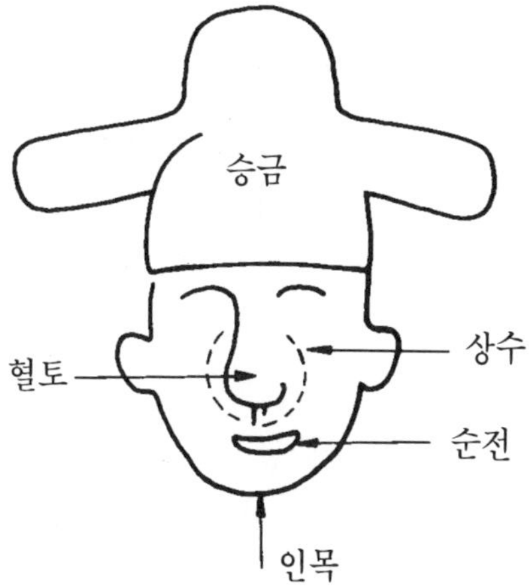

혈상 4요소

승금은 원정(圓正)하여야 하고 상수는 혈토 주위의 약간 낮은 곳에 비가 올 때면 미망수(微茫水)가 흘러 윗부분에서 혈토처로 흐르지 못하고 분수(分水)하였다가 혈토의 아랫부분에서 합하여 혈장 밖으로 흘러가는 것이나 초학자로서는 육안으로 확인하기가 매우 어렵다.

상수는 그 흐르는 모양에 따라 일명 해면수(蟹眠水) 또는 하수수(蝦鬚水)라고 말한다.

혈토는 상수로 둘러싸인 혈장 중심 부위의 매우 희미하게 높은 부분으로 분수척(分水脊)이 되며 일명 태극훈(太極暈)이라고 한다.

인목은 태극훈을 감싸고 흐르는 상수가 흩어지지 않고 혈토의 아래에서 모일 수 있도록(이를 下合이라 한다) 상수의 바깥쪽을 감싸고 있는 희미한 구릉이다. 즉 상수는 약간 낮고 인목은 약간 높은 것이다. 인목은 그 모양에 따라 선익사(蟬翼砂) 또는 우각사(牛角砂)라고 말한다.

4상은 혈의 필수 요소이다. 그 중에서 어느 하나라도 빠져서는 진혈이 아니다. 대부분의 경우에 4상은 구비되어야 명당이라는 점을 강조해둔다. 만약 4상 중에서 세 개가 빼어나게 아름답다고 해도 어느 하나가 없다면 그 혈은 다시 살펴야 한다.

4상을 살피는 순서는 다음과 같다.

첫째, 혈장이라고 생각되는 지점에 이르렀으면 태(胎)·정(正)·순(順)·강(强)·고(高)·저(低)를 살핀다.

태는 기가 뭉쳤느냐 흩어졌느냐를 구분하는 법으로 기가 뭉치면 둥근 덩어리가 된다.

정은 바르냐, 기울었느냐의 구분이며 물론 전후좌우가 바른 것이 좋다.

순은 음래양수(陰來陽受)하고 양래음수(陽來陰受)하였느냐 하는 것과 혹 다른 곳으로 기가 빠져나가지 않았는가를 보는 것이다.

강은 지표면이 단단하고 양명(陽明)한가, 즉 명암도를 분별하는 것이다.

고는 주위의 산에 능압당하지 않아야 좋은 것이다.

저는 안정성을 말하는 것으로 급하게 경사지거나 산은 높고 골은 깊어서 실족할까 겁이 나는 것 등은 불길한 곳이다. 따라서 아늑한 맛이 있어야 한다.

둘째, 승금 자리는 단단하고 원정(圓正)하여 혈장을 지배할 수 있는 기상을 갖춰야 한다.

셋째, 인목을 살핀다. 인목은 승금자리의 아래에서 한 계단 낮게 은분(隱分)되어야 한다. 외측에는 후부한 받침이 있어야 하고 안에는 희미한 그림자가 있어서 혈장 중심을 감싸안듯이 보호하고 있어야 참이다.

넷째, 태극훈이니 승금과 인목을 이은 구릉 안쪽에 떨어지는 천수(天水=빗물)가 중심 부위를 침범하지 못하도록 승금과는 가는 맥으로 접속된(사람 얼굴의 山根자리) 미돌(微突=사람 얼굴의 준두)이 있어야 한다.

끝으로 상수를 살피는데 혈장 안에 미망수가 태극훈과 인목 사이를 흘러 상분하합하여야 진짜이고 상수의 골이 확실하게 눈에 띌 정도로 깊은 것은 가짜다.

다시 말하면 4상은 간격이 없이 한 덩어리가 되어야 하며 혈토·인목·상수는 유영무형(有影無形)이요, 유명불견(有名不見)이라는 점을 명심하여 정신을 모아서 심안(心眼)으로 판별하는 것이다. 또한 4상은 혈의 기본요소이고 기타의 조건들은 이 혈 4상을 보필하고 있는 것이다.

풍수에서 가장 어려운 관문이 혈법인데 말이나 글로는 조화의 묘를 이루 다 표현할 수 없다. 구전심수(口傳心授)가 아니고서는 알 수가 없는 것이니 지귀(至貴)의 혈은 깊이 숨어서 눈에 보이지 아니하거나 또는 보인다고 하더라도 아주 치졸하여 알아보기가 어렵다.

극품(極品)의 터는 천지의 신명들이 쉽게 눈에 띄지 않도록 비장하고 있는 법이라 귀〔耳〕와 뿔〔角〕을 구분하기가 쉽지 않다. 유(乳)와 담(膽)에 현혹되어 깊이 숨은 진혈은 버리고 헛꽃〔假花〕에만 집착하게 되는 것이 속안(俗眼)이다.

그러나 작혈(作穴)의 법은 천만이라 하여도 와·겸·유·돌의 변환에 지나지 않고 장승생기(葬乘生氣)의 이치밖에는 따로 있는 것이 없다.

제4절 정혈법(定穴法)

정혈법이란 정확한 당혈처(當穴處)를 찾는 방법이다. 양래음수(陽來陰受)와 음래양수(陰來陽受)하며 사래정하(斜來正下)하고 정래사하(正來斜下)하며 직자혈곡(直者穴曲)이요 곡자혈직(曲者穴直)하게 마련이다. 또 급자취완(急者取緩)과 완자취급(緩者取急)하며 경래(硬來)하면 연하(軟下)하고 연래(軟來)하면 경하(硬下)할 것과 또한 산이 높으면 혈은 낮고 산이 낮으면 혈은 높게 마련이다. 이상을 요약하면 음양조화에 있다고 하겠다.

1. 태극정혈(太極定穴)

태극이란 음양의 본체이며 이기(理氣)의 근원이다. 지리학도 역시 이 태극설을 근원으로 하여 여러 이론과 법술을 정립한 것이다. 태극정혈은 혈장이 정하여지면 반드시 원훈(圓暈)을 찾아야 하는 것이니 은은미미하고 방방불불(彷彷彿彿)하여 얼핏 보면 있는 듯하다가 자세히 보면 없는 듯하고, 또한 측면에서 보면 있는 듯하다가도 정면에서는 보이지 않는 듯하여 모호한 원영(圓影)이 있으니 이것을 태극훈이라고 한다.

훈 위에서는 분수(分水)를 필요로 하고 훈 아래서는 합수를 필요로 하니 물의 합수처가 곧 소명당이며 한 사람이 가로로 누울 만한 정도면 가능한 것이다. 그러나 이것도 한치 높이가 선(線)이 되고 한치 낮음이 골이 되는 것으로 실지에 있어서는 아주 모호한 것이다.

구첨(毬簷)·합금(合襟)·나문(羅紋)·토축(土縮)·일점영

광(一點靈光) · 앙복(仰覆) · 매화(梅花) · 자웅교도(雌雄交度) 등이 모두 태극훈을 가리키는 이름이다. 혈장에 원훈이 있으면 생기가 안으로 모여 있는 것으로 혈이 진짜가 되고 훈의 한 가운데가 곧 혈의 중심〔穴心〕이 된다. 훈의 맨 위〔暈頂〕에 한두 개의 반훈(半暈)이 있어서 반달 또는 눈썹과 같은 형상을 이루면 이것은 윤(輪)이라고 하는 것으로 삼륜(三輪)이 갖추어지면 대지가 된다.

태극정혈법은 정혈법의 수위일 뿐만 아니라 여하한 변형괴혈(變形怪穴)이라 하여도 이 태극훈만은 갖추어야 참이다. 『장서』에서 말하는 "승금 · 상수 · 인목 · 혈토"라 하는 것도 실은 이 태극훈에 대한 설명이다.

승금은 태극의 원훈돌기처(혹은 輪이 해당될 경우도 있다)요, 상수는 곧 상분하합을 말하는 것이다.

혈토란 거중불편(居中不偏)하여 깊이가 적정한 것을 말하며 인목은 상수의 바깥 능선을 말하는 것이다.

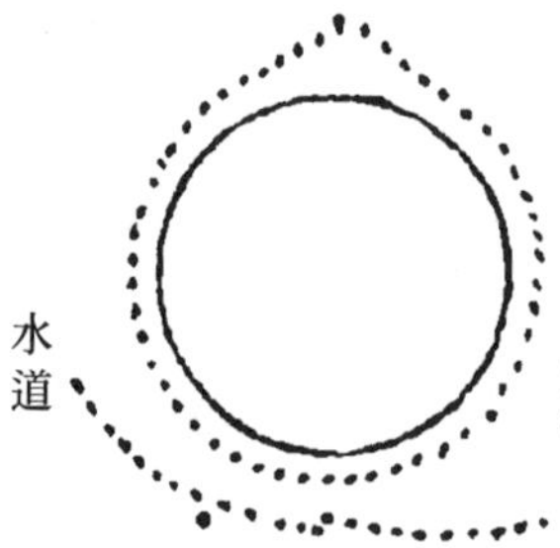

태극정혈도

2. 양의정혈(兩儀定穴)

위에서 말한 태극훈을 찾았으면 다시 음양을 분별하여야 한다. 약간 두툼하게 살이 찐 것〔肥起〕은 양이 되고 수척하고 꺼진 것〔瘦陷〕은 음이 된다. 이것이 양의다.

양룡(陽龍)에는 음혈(陰穴)이 참이고 음룡에는 양혈(陽穴)이 참이다. 만약 상양하음(上陽下陰)이거나 또는 좌양우음(左陽右陰)이라면 음·양의 기가 교감한 것이니 음양을 막론하고 반음반양(半陰半陽), 다시 말하면 반비반수(半肥半瘦)의 경계가 혈심이 된다.

그러나 여기에서 말하는 비수(肥瘦)도 또한 희미하여 모호한 것으로 마음을 모아 깊이 살펴야 한다.

태극과 양의를 분별할 수 있다면 지리공부는 바른 길로 든 것이라고 말해도 지나침이 없다.

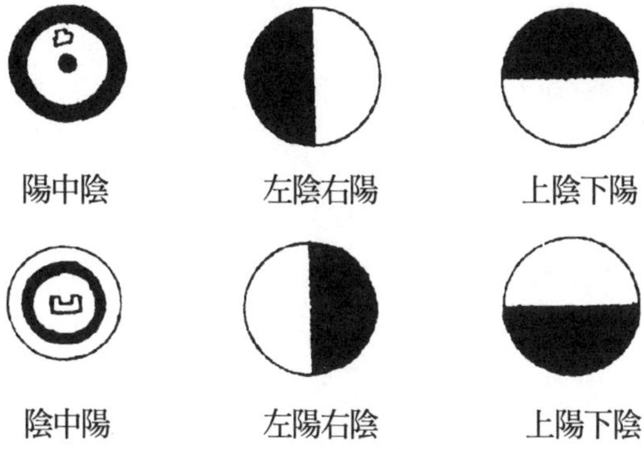

양의 정혈도

3. 사상정혈(四象定穴)

앞에서 태극과 양의를 정하였으니 이제는 마땅히 사상(四象)을 가려야 한다. 훈에 맥(脈)이나 식(息)이나 굴(屈)이나 또는 돌(突)이 있으면 동(動)이라 하고 이것이 없으면 정(靜)이라 한다. 동하면 사상이 되고 정하면 양의가 된다.

4. 팔괘정혈(八卦定穴)

팔괘정혈법은 산의 모양새를 팔괘의 음(陰)·양효(陽爻)에 대비하여 택기특달(擇其特達)로 정혈하는 법이다.

 건괘산(乾卦山): 순평하여 맥이 없으니 혈 또한 없다.

 곤괘산(坤卦山): 준험하고 수척하니 혈이 없다.

 이괘산(離卦山): 상하가 양이고 중간에 음이 생겼으니 공(工)자형이다. 혈은 중간 음효 자리에 진다. (蜂腰形:細山)

 감괘산(坎卦山): 아(亞)자 모양의 산이다. 혈은 중간 양효처에 맺는다. (鶴膝形: 巨山)

 손괘산(巽卦山): 아래가 뾰족하니 뾰족한 곳〔尖處〕에 혈이 맺는다. (豊山)

 진괘산(震卦山): 상첨하평(上尖下平)하니 하록(下麓)에 혈이 맺는다. (薄山)

 간괘산(艮卦山): 정(丁)자형으로 위 양효처에 혈이 맺는다.(直山)

 태괘산(兌卦山): 철〔凸〕자형으로 상음효처(上陰爻處)에 혈이 맺는다. (圓山)

5. 삼세정혈(三勢定穴)

입세(立勢) · 좌세(坐勢) · 면세(眠勢)를 말한다. 이것은 천지인 삼재의 혈법과 비슷하다.

천혈(天穴)은 곧 입세이며 혈성의 머리 부분은 부(俯)하고 출맥결혈이 모두 높고 안산이나 좌우 산들이 서로 대등하다. 또한 명당 주위의 물들이 모두 부응하고 혈 앞에 평지가 있으면 기가 산 위에 모인 것이다. 혈이 비록 높은 곳에 있으나 올라가 보면 평지와 같이 안정되고 높은 것을 느끼지 않는 곳이 진짜 혈이다. 또한 오는 맥은 평탄하고 완만해야 하는 것이다. 만약 맥이 급하면 진짜가 아니다. 산정은 앙고혈(仰高穴), 성두하(星頭下)는 빙고혈(憑高穴)이라고 하여 장사지낼 만하고 산허리에 쓰는 혈은 기룡혈(氣龍穴)이라고 하여 참이 아니다.

지혈(地穴)은 와세(臥勢=眠勢)이니 성두(星頭)는 앙(仰)하고 출맥결혈이 모두 낮다. 조응용호(朝應龍虎) 등 주위가 모두 대등하고 명당수성(明堂水城)이 부응하면 기가 산 아래 모인 것이니 내맥이 급한 것이 참이다. 산록은 현유혈(懸乳穴)이요, 성체하(星體下)는 탈살혈(脫殺穴)이니 교검수(交劍水)는 꺼린다. 앞의 두 가지는 점법(粘法)을 쓰고 평지나 논밭 중에서는 장구혈(藏龜穴)이 되니 당법(撞法)을 쓴다.

인혈(人穴)은 좌세이니 성두는 불부불앙(不俯不仰)하고 출맥결혈이 불고부저(不高不底)하다. 조응용호 등 주위가 대등하고 명당수성이 부응하면 기가 산의 중간 부위에 모인다. 내맥이 완만하지도 급하지도 않아야 참이다. 산허리에 있는 것은 장살혈(藏殺穴)이고 의법(倚法)을 쓴다.

6. 삼정정혈(三停定穴)

천지인 삼재 혈법으로 점혈할 때에 전후좌우 산의 고저를 참작하여 흉살을 피하여 고저를 정한다는 설이다. 자세한 것은 생략한다.

7. 사살정혈(四殺定穴)

장살(藏殺) · 압살(壓殺) · 섬살(閃殺) · 탈살(脫殺)을 말한다. 여기에서 살이라고 함은 뾰족한 화성과 곧고 경직된 목성을 총칭한다. 또한 내맥 · 입수 · 결혈처에 대살(帶殺)한 것과 혈성 및 용 · 호산이 대살인 경우가 있다. 사살정혈은 이 흉살을 피하여 정혈하는 방법이다.

(1) 장살

내맥이 완만하고 곧거나 급하지 않으며 딱딱하거나 험준하지 않아 혈성의 다리 아래 및 가까운 용·호산이 모두 원정하면 혈거중(穴居中)하여 장살로 정혈한다. 당법과 비슷하나 사살은 형(形)을 말하며 사장(四葬), 곧 개점의당(蓋粘倚撞)은 맥을 말하는 점이 다르다.

(2) **압살**

내룡의 끝이 뾰족하거나 급경(急硬)하여도 잘라낼 방법이 없고 혈성의 다리 아래나 또는 가까운 청룡 백호가 첨직(尖直)하면 혈거고처(穴居高處)하여 뭇 흉살을 항복받는 압살로 정혈하니 개법(蓋法)과 비슷하다.

(3) **섬살**

살을 피한다는 뜻이니 내맥의 끝이 뾰족하고 사세(四勢)는 가운데로 모이고 혈성의 다리 아래나 청룡 백호 중 하나가 끝이 뾰족하면 살(殺)이 한쪽으로 노출된 것이다. 길을 따르고 흉을 피하기 위해 첨예한 나쁜 기를 비켜서〔閃〕, 원정(圓淨)한 길기(吉氣) 쪽에 정혈하니 의법(倚法)과 비슷하다.

(4) **탈살**

내맥이 급하고 산세가 험준하여 사응(四應)이 아래에 모이면 혈은 평지 낮은 곳에 있으니 탈살하여 정혈하는 법이다. 점법(粘法)과 비슷하다.

특히 탈살법에는 네 종류가 있다. 응낙(應樂)이 증거가 되는데 혈성각(穴星脚)은 철혈(綴穴)이고 철혈보다 한 자리 낮은 곳은 점혈(粘穴)이 되며 점혈보다 한 자리 낮은 곳은 접혈(接穴)이고 두 자리 낮은 곳은 포혈(抛穴)이라고 한다.

탈살에서는 후산(後山)은 용이 되고 혈성은 평지이니 탈맥 여부를 자세히 살펴야 한다. 탈살이 곧 탈맥과 동일한 것이 아니라는 점에 유의해야 한다.

8. 요감정혈(饒減定穴)

요감이란 음양소장(陰陽消長)을 뜻한다. 순역(順逆)이라고도 하는데 청룡이 하수사(下手砂)가 되면 감용요호(減龍饒虎)라 하여 혈은 왼쪽, 즉 용쪽으로 기울어진다. 백호가 하수사가 되면 감호요룡(減虎饒龍)이라 하여 혈은 오른쪽, 즉 백호 쪽으로 기울어진다. 기울어진다는 말은 분금(分金)에서 입수의 각도가 2분 내지 3분 옮겨진다는 말이다.

9. 향배정혈(向背定穴)

향배란 산천의 성정(性情)을 말하는 것으로 향아자(向我者)는 회정(懷情) · 유정(有情) · 다정(多情)의 구별이 있으나 모두가 혈을 감싸고 있는 것이다. 배아자(背我者)는 혈을 높은 곳에서 누르거나 돌아보지 않는 것을 말한다.

심혈할 때에는 빈주(賓主)가 서로 대등하고 포옹하는 듯 유정하며 용호는 포위하여 혈 밖의 다른 곳을 돌보지 않고 수성(水城)은 포신(抱身)하여 달아나지 않는가를 살핀다. 또 당기(堂氣)는 귀취(歸聚)하여 기울어진 곳이 없고 순전과 인욕(裀褥)이 포전(鋪展)하였으면 기가 응결되고 산수가 다정한 것이 되니 진짜 혈이다.

만약 가짜혈이면 자연히 산수가 조응하지 않고 얼핏 보면 유정한 듯한데 자세히 뜯어보면 법도에 맞지 않는 것이다.

예를 들면 혈거고처(穴居高處)한 곳에서 낮은 곳에 혈을 잡으면 자연히 주위 산이 능압할 것이며 반대로 혈이 낮은 곳에서 높은 곳에 정혈을 하면 호협(護夾)이 낮아 혈판이 고로(孤露)할 것이다. 혈거당중(穴居當中)인 곳에서 어느 한쪽으로 기울면 안산과 명당이 기울게 마련이고 청룡 백호가 바르지 못할 것이다.

선사가 "손가락 하나 정도만 차이가 있어도 결과는 만리의 격차가 생긴다"고 한 것이 이것이다.

10. 장신복살정혈(藏神伏殺定穴)

일명 추길피흉법(趨吉避凶法)이라고도 한다. 만물이 그러하듯이 혈이란 것도 완전무결할 수 없다. 예를 들면 용혈이 준수하여 용진혈적(龍眞穴的)이지만 혹은 면전에서 직사(直射)하거나 혹은 횡사(橫射)가 과신(過身)하여 혈장에서 보인다면 이것은 형살(刑殺)이라고 하여 꺼리는 바이다. 이 살을 피하는 법이 있으니 나무를 심어 보이지 않게 하는 것이 그것이다. 또 뾰족한 것은 둥글게 되도록 공사를 하는 것도 한 방법이다.

이 밖에도 추길피흉의 방법으로는 공력(工力)을 사용하여 나에게 도움이 되도록 만들거나 또는 이기(理氣)로 도움이 되게 하는 등 여러 가지 방술이 있다. 자세한 것은 이기편에서 논하기로 하고 다만 "산천지융결(山川之融結)은 재천(在天)하고 산수지재성보상(山水之裁成輔相)은 재인(在人)이라"는 선사의 글을 생각하면서 대지대혈에는 반드시 결점이 따른다는 점을 잊어서는 안 된다.

11. 근취제신정혈(近取諸身定穴)

사람의 뼈와 마디의 움직임을 혈장에 비유한 법이다.

정문(頂門)·백회(百會)·인후(咽喉)·견정(肩井)·심흉(心胸)·제중(臍中)·단전(丹田)·음낭(陰囊)·곡지(曲池)·수두(垂頭)·헌화혈(獻花穴) 등이 있다. 혈성이 기정수유(起頂垂乳)를 하고 두 팔로 용호가 되었을 경우에만 인신(人身)정혈을 하고 만약 두 팔이 없거나 두 팔이 있을지라도 이것이 용호가 되지 못할 경우에는 다음에 논할 지장정혈법을 쓰는 것이다.

12. 지장정혈(指掌定穴)

혈성이 두 팔을 갖추지 못하였을 경우에는 무지(毋指)와 인지(人指)로써 산 모양과 대비하여 혈을 정하는 법을 말한다. 두 손가락 사이, 곧 합곡처를 구혈(毬穴)이라고 하여 좋은 것으로 보고 무지 제일절처(毋指第一節處)를 대부혈(大富穴)이라 한다. 인지 제일절처(人指第一節處)는 홍기혈(紅旗穴)이라고 하여 길한 것이고 인지 제이절처를 곡지혈(曲池穴)이라 하여 또한 길한 곳으로 본다. 무지 제이절처 이하와 인지 삼절 이하는 머리가 없고 아래 끝이 뾰족하니 흉한 것이다.

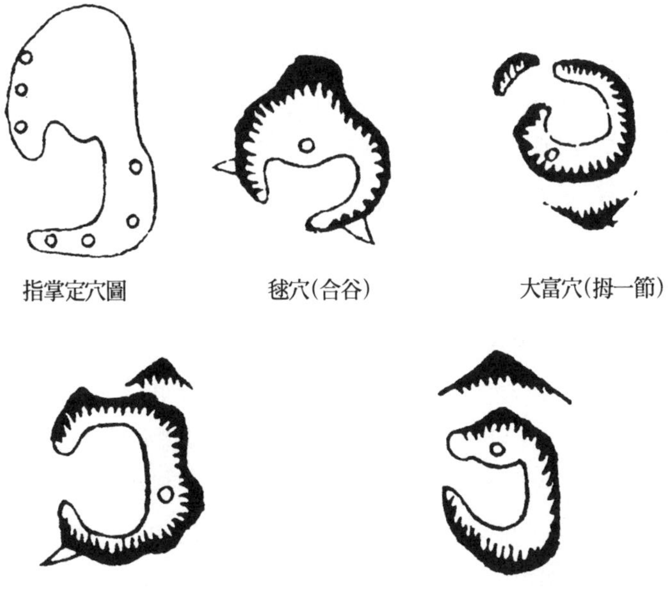

지장정혈도

13. 유성정혈(流星定穴)

(1) 목성

목성은 인수(仁壽)의 정(精)이며 혈을 맺는 것도 많다.

입목(立木)은 서 있는 통나무와 같은 형이다. 신문혈이라고 하여 정와(頂窩)인데 다리 아래에 기맥의 흐름이 없어야 하며 사방이 둘러싸고 있는 경우에만 진짜다.

생목(生木)은 뿌리가 뻗어나가고 가지가 번성한 형을 말한다. 가지 사이 즉 분지(分枝)한 곳이 혈처이고 이를 일명 화심혈(花心穴)이라 한다.

면목(眠木)은 마치 땅 위에 굴러다니는 나무 덩굴과 비슷한 형이며 와형(窩形), 혹은 유형처(乳形處)에 혈이 맺는다.

목성은 대개 화류(花類) · 옥척(玉尺) · 목기(木器) · 인형(人形) 등이 많은데 배꼽자리나 와돌처(窩突處)에서 혈을 맺는다.

(2) 화성

화성은 지나치게 열을 뿜고 있어 뾰족하여 혈을 맺을 수 없다. 혹 혈을 맺으려면 예금전화(銳金剪火: 금성) · 수토극설(水土克泄: 수성이나 토성처) · 탈진화염처(脫盡火焰處: 화성이 나아가 他星으로 바뀌진 곳) 등에서 찾는다. 대개의 화성은 기창(旗槍) · 아도(牙刀) · 비금(飛禽) 등이 많으며 화촉 · 등화형(燈火形)도 있다.

(3) 토성

순토(純土)는 화기(火氣)가 없으면 혈을 맺을 수 없고 필히 의자결혈(依子結穴:금성처)한다. 토복장금(土腹藏金) · 토각유금(土角流金) · 토두목각(土頭木脚) 혹은 방토(方土)가 개대와(開大窩)하고 유돌(乳突)이 없으면 인욕혈(裀褥穴)로 맺는다.

무릇 토성은 창(倉) · 고(庫) · 병(屛) · 옥안(玉案) · 금상(金箱) · 옥인(玉印) · 규(圭) 등의 형이 매우 많다.

산형(山型)은 평평하고 혈장은 모난 것이 보통이다.

(4) 금성

금성은 매우 강하고 단단하므로 개와처(開窩處)에서 혈을 맺는다. 산 모양은 원형이고 혈장도 둥글다.

정와(頂窩)는 입목(立木)의 신문혈과 같은 형인데, 다만 목성은 높고 정와는 낮다는 차이가 있다. 지각이 없고 사방이 둘러싸야 진짜다.

와중혈(窩中穴)은 인혈(人穴)이고 저와(低窩)는 지혈(地穴)이며 고와혈(股窩穴)은 변고변저(邊高邊低)하니 다음에 설명할 몰골에 해당한다. 또한 애금방목혈(埃金傍木穴)은 위는 금성이고 아래는 목성으로 금성과 목성의 접점에 혈이 진다.

(5) 수성

수성은 유약하여 방모(傍母:금성) · 의자(依子:목성)로 혈을 맺는다. 바꾸어 말하면 방모는 물방울에 해당하고 의자는 목정처(木精處)가 된다. 즉 모두 곡처(曲處)이다. 수성의 곡처는 나뭇가지에 해당하고 수포처는 꽃송이에 해당한다.

산 모양은 구슬을 꿴 것과 같고 혈장은 참외 모양이다.

대개의 수성은 금장(錦帳) · 매화(梅花) · 하엽(荷葉) · 상운(祥雲=구름) · 용사(龍蛇) 등의 유형이 많다.

이 밖에 자웅정혈법(雌雄定穴法) · 취산(聚散)정혈법 · 장산식수(張山食水)정혈법 · 침룡이각(枕龍耳角)정혈법 등이 있으나 설명은 생략한다.

제5절 혈증(穴證)

혈증이라고 하는 것은 정혈의 증좌를 말한다. 지금까지 우리는 용을 밟고 혈성을 찾아서 혈형을 판단하고 당혈처를 찾았다. 이제 할 일은 이 혈처가 진짜인가 혹은 만에 하나라도 가짜인가를 검토하는 단계에 이르렀다.

진혈에는 반드시 증좌가 있게 마련이다.

앞에는 조안(朝案)이 수려하고 명당이 단정하여 모든 물이 모이게 된다.

뒤에는 탱조사(撑助砂)와 귀성(鬼星), 낙성(樂星)이 분명해야 한다.

좌우에는 청룡과 백호가 유정하게 감싸고 있어야 한다.

혈 아래에는 순전(脣氈)이 바르게 자리해야 한다.

주위 사방의 산은 십도(十道)가 고루 갖추어져야 한다.

태극훈을 두고 말하자면 계수(界水)의 분합이 명백해야 한다.

이런 것들이 혈증의 표준이라고 하겠다.

1. 조산증혈(朝山證穴)

조산이 높으면 혈장도 높은 곳에 위치하고 조산이 낮으면 혈장은 낮은 곳에 있게 마련이다.

조산이 가까우면 능압당하게 되니 혈장은 높게 있어 천혈(天穴)이 된다. 조산이 멀리 있으면 기가 흩어지기 쉬우니 혈은 낮은 곳에 위치, 기를 모아 지혈(地穴)이 된다.

왼쪽의 사(砂)가 수려하고 대응하면 향은 왼쪽으로 잡아야 하고 오른쪽의 산들이 좋으면 향은 오른쪽으로 잡게 된다. 만약 원근이 다를 경우에는 가까운 것이 우선한다.

외양이 수려함에 현혹되어 혈장과 기맥을 잃게 되는 실수가 있다. 그러므로 조산증혈의 원칙은 가까운 것이 주안점이 된다.

유정이란 흐르는 물이 감싸고 향산(向山=좌향)이 합법하여 뒤의 낙사(樂砂)가 반드시 대응하고 사방 주위가 주밀한 것을 말한다.

만약 외양의 수려함만을 탐하다 보면 필히 가까운 것의 불합리함을 보지 못하는 실수를 범하게 된다.

2. 명당증혈(明堂證穴)

혈을 찾는 법이 첫째는 기맥을 찾고 둘째는 명당(어디를 향으로 할 것인가의 뜻)을 정하는 것이다. 만약 명당이 바르지 못하여 물이 모이지 않고 기울어져 기를 누설한다면 진기가 모일 수가 없다. 그러므로 혈장이 아름다워도 묘를 쓸 수가 없는 것이다.

그런데 여기서 말하는 명당이란 소명당 · 중명당 · 대명당의 3당이 있다. (중 · 대명당을 내 · 외명당이라고도 한다.)

소명당은 태극훈 아래의 계수하합처(界水下合處)로서 결혈의 여부와 혈심을 판단하는 요긴처가 된다.

중명당은 청룡과 백호 안의 모든 물이 취합하지 못하면 소납(消納)이 되지 않는 것이다.

대명당은 청룡 백호 밖과 조산 사이의 물이 모이는 곳으로 외기의 융취여부를 판단하게 한다.

그러므로 명당증혈의 법칙은 매우 중요한 것이다.

3. 수세증혈(水勢證穴)

진룡낙처(眞龍落處)에는 반드시 모든 물이 취합하는 것이 천지 자연의 이치이다. 바꿔 말하면 혈이 참이면 물이 모이고 혈이 가짜면 물이 흘러가버린다는 뜻이 된다. 그러므로 점혈함에 있어 수세를 무시할 수가 없다.

혹 물이 좌당(左堂)에 모이거나 또는 수성(水城)이 좌변을 감싸면 혈도 왼쪽에 있게 마련이고 물이 우당(右堂)에 모이거나 또는 수성이 우변을 감싸면 혈도 또한 오른쪽에 있게 된다.

물이 정중앙으로 다가오거나 중앙에 모이거나 또는 수성이 둥글게 감싸면 자연히 혈은 중앙에 있게 된다. 만약 앞에서 오는 물이 멀면 명당은 넓고 혈은 높은 곳에 있게 되며 원진(元辰)이 길고 국세(局勢)가 낮으면 낮은 곳에 맺게 된다.

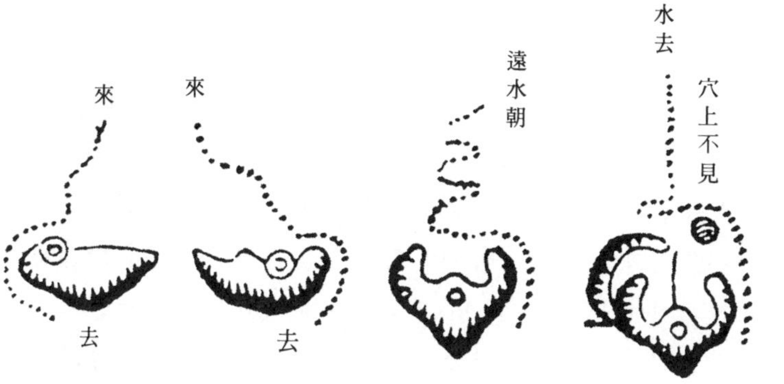

수세증혈도

4. 낙산증혈(樂山證穴)

낙산이라고 하는 것은 혈장의 뒤쪽에 있는 응낙(應樂)의 산을 말한다.

본신에서 생겼거나 또는 객산(客山)이나 호종산(護從山)에서 출발했거나를 가리지 않는다. 그 형상도 다양하여 기봉(起峰)한 것, 불기봉(不起峰)한 것, 뾰족한 것, 둥근 것, 네모진 것, 긴 것, 높은 것, 여러 겹인 것 그리고 현(顯) 또는 암(暗) 등등이 있다.

어느 형상이든지 혈장에서만 보이는 것이 가장 좋고 명당 중에서도 보이는 것은 그 다음으로 좋다.

바꿔 말하자면 낙산이 크고 높아 혈을 능압함이 좋지 않다. 모든 횡룡결혈자(橫龍結穴者), 곧 측뇌 · 몰골 · 요뇌 등의 혈성에서는 필히 뒤를 가려주어야〔枕樂〕 진짜 혈이다. 만약 낙산이 없다면 가짜다. 또한 낙산이 좌측에 있으면 혈 역시 좌측에 있고 오른편에 있으면 혈 또한 오른편에 맺게 된다. 낙산이 중앙에 있으면 혈 역시 중앙에 있고 좌우에 낙산을 갖추었다면 쌍혈이거나 거중혈(居中穴)인 것이다.

반면에 낙산이 크고 높아 능압하여 살이 되는 경우에는 살을 피하여 혈을 맺는다.

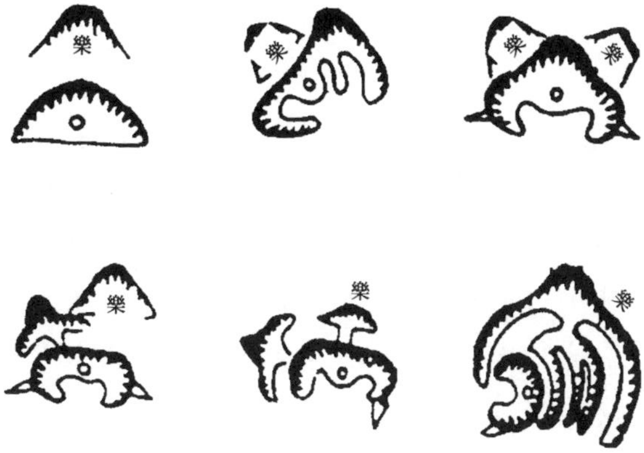

낙산증혈도

5. 귀성증혈(鬼星證穴)

귀성이라고 하는 것은 일종의 탱조사〔後撑〕으로서 혈 뒤의 빈 곳을 받쳐주는 산이다.

옆으로 떨어져 혈을 맺거나 기울어진 혈 뒤에는 귀성이 있어야 한다. 그러나 직래(直來)하여 당배결혈(撞背結穴)에는 귀성이 없어도 된다. 귀성이 높으면 혈은 위에 있고 귀성이 낮으면 혈 또한 낮게 진다. 또 귀성이 왼쪽에 있으면 혈도 왼쪽, 오른쪽이면 혈도 오른쪽에 진다.

만약 귀성이 없어서 혈의 뒷면이 빈 것(오목하게 파인 것) 같으면 이것을 앙와(仰瓦)라고 하는데 필히 양변에 효순사(孝順砂)를 갖춰야 한다.

6. 용호증혈(龍虎證穴)

청룡이 물을 걷우면 혈은 청룡 쪽에 위지하고 백호가 물을 걷우면 혈 또한 백호 쪽으로 맺는다. 좌단고(左單股)면 혈은 좌측으로 지고 우단고(右單股)면 혈 역시 우측으로 맺는다.

용 · 호산이 높으면 혈도 높은 곳에 위치하고 용 · 호산이 낮으면 혈도 낮게 맺는다. 청룡 백호가 유정하고 높거나 낮지도 않으면 혈은 가운데로 진다.

이상은 청룡 백호 중 유정유력(有情有力)함을 따라 혈을 정하는 법이다.

반대로 청룡이 높으면 청룡을 피해 백호 쪽으로 혈을 잡고 백호가 혈을 능압하면 역시 백호를 피해 청룡 쪽에 혈을 잡는 것이 좋다.

7. 전호증혈(纏護證穴)

전호라고 하는 것은 혈성을 귀인에 비유한다면 귀인을 호위하는 경호원과 같은 것이라고 할 수 있다. 따라서 혈성으로부터 멀리 있어도 안 되고 또한 너무 근접하여도 안 된다는 것은 자명한 이치다. 또한 귀인일수록 경호가 엄하듯 전호도 두 겹, 세 겹이 되는 것이 좋다.

주위의 사(砂)가 짧으면 혈은 그 안에 지고 송사(送砂)가 길면 혈은 진처(盡處)에 자리한다. 송사가 한쪽으로 기울면 혈도 기울게 맺는다.

8. 순전증혈(脣氈證穴)

순전이란 말은 전요(氈褥)와 토순(吐脣)의 합성어이다. 혈 아래에 퍼져 있는 남은 기운을 말하는 것으로 고르게 둥글면 마치 보료를 깔아놓은 형상으로 전이라 하고 협소하여 마치 새의 부리와 같으면 순이라고 한다.

제대로 된 용이 혈을 맺으면 반드시 남은 기를 뱉어내 순전이 있게 마련이다. 만약 순전이 없으면 진짜가 아니고 특히 횡룡결혈(橫龍結穴)은 순전이 고루 둥그러야 한다.

9. 천심십도증혈(天心十道證穴)

천심십도란 혈심의 전후좌우에 있는 바깥 산이 서로 대응되는 것을 말한다. 뒤편에 있는 것을 개산(蓋山)이라 하고 앞편은 조산(朝山), 좌우 양 옆은 협이산(夾耳山)이라고 한다. 개 · 조산은 좌우 어느 한 편과 어긋나서는 안 되고 협이산은 앞뒤가 안 맞아도 안 된다. 말하자면 십자로 정확하게 대응해야 한다는 것이다.

그러나 천심십도는 그렇게 되면 더욱 좋다는 것일 뿐이지 혈의 진위를 가리는 필수 요건은 아니다.

10. 분합증혈(分合證穴)

혈증 가운데 가장 중요한 증거다. 매우 보기 어려우며 또한 가장 모호한 것이 분합이다. 앞에서 태극정혈법을 깊이 연구하고 다음의 분합도를 참조하면 이해가 빠를 것이다. 분합이 분명하면 음양이 서로 조화를 이룬 것으로 혈은 진짜이고 분합이 없다면 음양이 만나지 못하는 것이므로 가짜다.

무분유합(無分有合)이면 내맥이 닿지 않은 것요, 유분무합이면 기가 멈추지 아니한 것이니 혈은 맺지 않은 것이다.

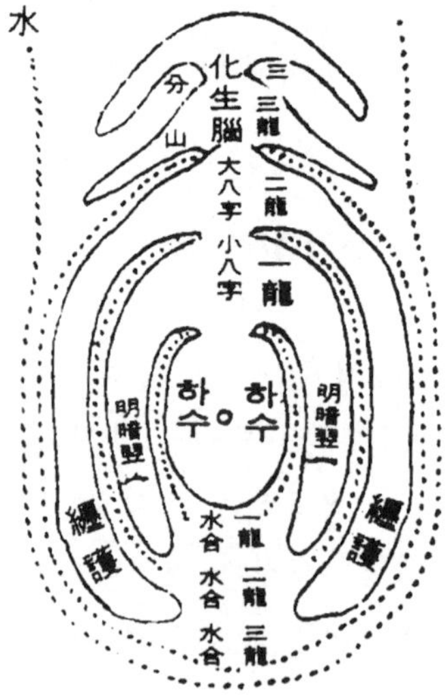

분합증혈도

11. 적취증혈(積聚證穴)

적이라 함은 맥의 접속을 말하고 취란 기의 머뭄〔止聚〕을 가리키는 말이다. 기맥이 적취한 곳에서만 혈이 생길 수 있는 것이다.

이것을 판별한 다음에는 뇌(腦)와 순(脣)을 살펴야 한다.

뇌는 혈 뒤에 모여 있는 맥으로서 지극히 가늘고 땅 안으로 잠적하기도 하여 겉으로는 찾아보기가 어려우나 반드시 땅 안에 증거가 있다. 대개 돌로 맥이 이어진다.

순이라고 하는 것은 혈 아래에 있는 남은 기를 말하는 것으로 크기는 4~8자〔尺〕 정도다. 이것은 쉽게 볼 수 있으나 이것 또한 진가의 판별은 어렵다.

만약 순이 뜨면〔浮〕 가짜요, 유탕(流蕩)하면 허(虛)가 된다.

진혈을 판별하기 위해서는 혈의 증거와 주위의 돌 하나, 물 하나라도 소홀히 넘기지 말고 세밀하게 살피고 또 살펴야 한다.

기맥의 접속이 첫째 증거요, 뇌두(腦頭)가 둘째, 5보 내외의 순전이 셋째 증거이다.

혈을 과실에 비유하여 설명하면 반드시 과실에는 꼭지가 있게 마련인 바, 이 꼭지가 뇌에 해당하고 또한 과실에는 꽃이 떨어진 흔적이 있으니 이것이 순전에 해당한다.

한편 뇌에는 음과 양의 구별없이 직입수(直入首)와 횡입수(橫入首)의 구분이 있는데 이것은 열매가 바로 열리기도 하고 횡으로 열리기도 하는 구분과 같다.

또한 순전도 음과 양의 구별이 있다. 꽃이 떨어진 흔적이 깊은가 낮은가의 구별이 그것이다. 양순은 혈 앞의 넓이가 2, 3보에 길이는 4, 5보 정도이다. 높으면 8촌 내외이고 낮으면 4치 이내로 금 · 목 · 수 · 화 · 토 중의 어느 한 모양새를 하고 있다. 음순은 혈전이 짧고 좌우 어느 한 편에서 가는 한 가지가 역수(逆水)로 혈을 감싼다. 또한 오행 중의 한 모양새를 하고 있다.

그러나 여기에서 주의할 점은 순전은 음양을 막론하고 수형이나 화형은 드물다는 점이다. 수순(水脣)은 재물이 없게 되고 화순(火脣)은 인명을 해친다. 그럼에도 이 수순이나 화순도 전순이 혈성을 오행으로 생하기만 하면 길하다고 본다.

이 밖에도 때론 하나의 혈에 음순과 양순이 함께 있을 경우도 있다.

· 정체(正體)

구첨(毬簷)은 金이고 첨상에 모난 것은 포(鋪)라고 하는데 土요, 毬上과 印木이 낚시바늘처럼 생긴 것은 木이며 相水는 水이다.

정체

· 현유(懸乳)

둥근 훈은 金, 窩 안에 물방울처럼 생긴 것이 木, 모가 난 태(方台)는 土, 하수(蝦鬚)는 水.

현유

· 개구(開口)

낙맥현뇌(落脈懸腦)는 水, 牛角이 金, 毬台가 土, 우각 아래 葬口 위는 水.

개구

· 단고(單股)

맨 위의 一字堆가 土, 퇴 아래의 가는 맥이 木, 長股가 水, 單股가 金.

단고

· 궁각(弓脚)

맨 위의 蠶頭가 水, 잠두 아래의 맥적이 木, 맥적 아래의 臺가 火.

궁각

· 쌍비(雙臂)

승금이 金, 인목이 木, 餘氣의 臺가 土, 둥근 城이 水.

쌍비

· 측뇌(側腦)

한 가지의 기맥을 狐尾라 하는데 金, 抱穴細沙가 水, 혈 아래의 土台를 含玉이라 하는데 土, 남은 기를 吐氣라고 하는데 木.

측뇌

· 몰골(沒骨)

혈 위에 도톰한 곳이 돈(墩)인데 金, 金 위 雨傍에서 環抱한 것이 木, 돈 아래에 있는 台가 架인데 土, 架 아래의 남은 기운이 水.

몰골

· 평면(平面)

맨 위의 十字모양의 堆가 土, 퇴 아래 一字모양의 가로무늬가 木, 木 아래의 川字 무늬가 水, 川字 아래의 開窩가 金.

평면

*모든 혈에는 오행의 증거가 고루 갖추어져 있다. 오행 중 하나라도 없으면 혈이 아니다.

제6절 혈기(穴忌)

정혈함에 있어 앞에서 논한 혈증은 갖춰야 할 필요한 요건이 되고 여기서 말하는 혈기는 피해야 할 악조건들을 말한다. 생기가 모이지 못해 산만하거나 포악한 상태가 여기에 속한다.

1. 혈기의 일반적 형태

① 조악(粗惡): 산세가 거칠고 추악하여 돌이 많거나 혹은 박환을 하지 못해 광채를 찾아볼 수 없는 것을 이른다.

② 준급(峻急): 산세가 준험하고 경사가 급하여 발을 붙이고 서 있기가 곤란한 것을 말한다.

③ 단한(單寒): 고산독룡(孤山獨龍)으로 사면에 호종이 없는 것과 또 혈장이 대통처럼 홀로 서서 바람을 막지 못하는 것 등이다.

④ 옹종(臃腫): 성신이 개면하지 못하고 지나치게 비만한데다 혈장이 개면을 못한 것.

⑤ 허모(虛耗): 용의 기가 허약하여 뱀이나 쥐 그리고 개미 등이 출입하는 것.

⑥ 요결(凹缺): 요는 움푹 꺼진 것이고 결은 낮아서 바람을 막지 못하는 것을 뜻한다.

⑦ 수삭(瘦削): 산 모양이 죽은 뱀의 뼈처럼 엉성하고 칼등 같은 것.

⑧ 돌로(突露): 단한과 비슷한 말인데 혈처에 기가 잘 뭉치지 못해 바람을 맞는 것. (용이 고독하면 생기가 혈에 닿지 못한 것이고 돌로하면 기가 흩어진 것이다.)

⑨ 파면(破面): 혈성의 얼굴을 굴착했거나 돌 또는 흙을 팜으로 얼굴이 파쇄된 것. 만약 상한 도가 경미하여 기를 발설하

지 아니한 상태면 보수하여 쓸 수도 있다.

⑩ 붕면(繃面): 혈성의 얼굴에 횡선이 간 것.

⑪ 흘두(疙頭): 흑백의 깨어진 돌이 뒤섞여 있어 나무가 나지 않고 갈이나 잡초만 있어서 흡사 머리에 부스럼이 생겨 머리카락이 듬성듬성 난 모양. 모래산에는 기맥이 고갈된 것으로 본다.

⑫ 산만(散漫): 산세와 수세가 어순한 것. 기를 수렴하지 못한다.

⑬ 유랭(幽冷): 한랭하다는 뜻으로 탈맥되어 기맥이 없고 주위 산이 모두 높아 바람이 통하지 못한 곳. 소위 양시혈(養屍穴)이라고 하여 시신이 부패하지 않는다. 흔히 잘못 잡는 경우가 많다.

⑭ 첨세(尖細): 당혈처가 첨예하고 미세한 것. 뾰족한 곳에 겸구(鉗口)가 생기면 쓸 수도 있다.

⑮ 탕연(蕩軟): 덩어리만 있고 기가 모이지 못하니 습기가 많은 질편한 것. 평지에 돌출하거나 평지에 겸구하면 탕연이 아니다.

⑯ 완경(頑硬): 산 모양이 죽은 생선처럼 뻣뻣하거나 변화가 없이 곧장 뻗어나간 것을 말한다.

⑰ 참암(巉岩): 혈처에 임하여 흉한 암석이 있거나 또는 거친 석골이 가까이 있는 것으로 흉살이 된다.

⑱ 보살면(菩薩面): 당혈처에 분합(分合)이 없는 것. 조금 위도 혈인 것 같고 조금 아래나 좌우 모두 쓸 만한 자리로 보이는 어리벙벙한 혈성. 참이 아니다.

2. 선사들의 혈기(穴忌)에 대한 결(訣)

(1) 장서의 5불가장(五不可葬)

기이생화이 동산불가장(氣以生和而 童山不可葬): 초목이 살지 못하는 곳을 말함.

기인형이래 단산불가장(氣因形以來 斷山不可葬): 기맥이 접속되지 못한 곳.

기인토행이 석산불가장(氣因土行而 石山不可葬): 완경한 암반이 있는 곳.

기이세지이 과산불가장(氣以勢止而 過山不可葬): 청룡 백호가 수렴하지 못한 곳.

기이용회이 독산불가장(氣以龍會而 獨山不可葬): 단산(斷山)·고로(孤露) 등 무정한 곳을 이른다. 음양교구가 되지 못한 곳.

(2) 장서의 장유6흉(葬有六凶)

음양교착위일흉(陰陽交錯爲一凶):음양교구가 되지 못한 것.

세시지려위이흉(歲時之戾爲二凶): 택일이 잘못된 것.

역소도대위삼흉(力小圖大爲三凶):지나치게 대지만을 구하려는 것.

빙복시세위사흉(憑福恃勢爲四凶): 관권과 금권으로 좋은 산을 구하려는 것.

잠상핍하위오흉(潛上逼下爲五凶): 기존의 다른 묘소 가까이 혈을 구하는 것.

변응괴견위육흉(變應怪見爲六凶): 장사지내려는데 괴상한 일이 생기는 것.

(3) **청오사(青烏師)의 십불상(十不相)**

불상조완추석(不相粗碗醜石): 더럽고 흉한 돌 근처.

불상급수쟁류(不相急水爭流): 급류의 물.

불상궁원절경(不相窮源絶境: 용맥발신처): 깊은 산중.

불상단독용두(不相單獨龍頭):용호가 없는 곳.

불상신전불후(不相神前佛後):사당이나 절 주위.

불상묘택휴수(不相墓宅休囚): 운이 이미 쇠퇴에 든 곳.

불상산강요란(不相山岡潦亂): 산세가 무정한 곳.

불상풍수비수(不相風水悲愁): 바람이나 물 소리가 우는 듯이 들리는 곳.

불상좌하저연(不相坐下低軟): 탕산사기(蕩散死氣)

불상용호첨두(不相龍虎尖頭): 청룡과 백호가 서로 싸우는 형세는 흉하다(서로 찌르지 않으면 曜星이다).

(4) **요금정(寥金精)의 혈면사병(穴面四病)**

관정맥(貫頂脈): 혈성의 머리 부분이 개면을 못하고 대나무처럼 곧은 것.

추족맥(墜足脈): 맥이 물 속으로 빠져들어간 것.

붕면(繃面): 횡생맥수조(橫生脈數條).

포비(飽肥): 옹종인 것.

제7절 괴혈(怪穴)

괴혈이라면 얼핏 혈성 및 혈형이 정상이 아닌 것처럼 생각하기 쉬우나 그런 뜻이 아니다. 다만 갖추어야 할 제반 요건들이 아무 눈에나 쉽게 보이지 않도록 숨어 있다는 것을 말한다. 신중하게 살펴보면 합법인 것을 알 수 있으며 용이 진짜여야 한다.

1. 천교혈(天巧穴)

높은 산마루에 있는 혈. 얼핏 보기에는 아주 첩첩 산 위에 혈을 붙일 곳이 없을 것처럼 생각되지만 당처에 임하면 활연히 넓은 국이 평지와 같아서 만경전답을 개간할 수 있고 사면팔방이 삼천분대(三千粉袋) 팔백연화(八百煙花)로서 성곽이 주밀하고 조산과 낙사가 겹겹이어서 전연 높다는 느낌이 없는 곳이다.

2. 몰니혈(沒泥穴)

평지에서 맺은 혈. 기맥은 땅 속에 숨어 있으나 간간이 석골로서 용척을 나타내거나 혹은 결혈처에 높낮이가 분명해 좌우물이 분수가 되어야 합법이다.

3. 고로혈(孤露穴)

천풍혈(天風穴)이라고도 한다. 얼핏 보기에 사면팔방의 바람이 몰아칠 듯하나 혈에 오르면 양어깨가 바람을 막아주어 장풍취기(藏風聚氣)가 되어 있는 곳.

4. 사협혈(射脇穴)

창과 같은 뾰족한 물이 혈성의 허리를 곧장 찌르는 것으로 얼핏 보기에 감당하지 못할 것 같으나 물이 치는 곳에 바위가 성을 쌓고 당혈처에서는 그것이 보이지 않는 곳이다.

5. 수저혈(水底穴)

내맥의 종적이 기이하여 깊은 물이나 못에 이르러 홀연히 맥의 흔적을 감추었다가 물 속에서 다시 높은 곳을 형성한 혈을 말한다. 사방 주위가 물로 감싸고 있다. 이것을 잘못 해석하여 물 속, 즉 수저(水底)에 있는 것이라고 오해하는 사람들이 있으나 여기에서 말하는 수저는 맥이 물 밑에 숨었다〔隱脈水底〕는 뜻이라고 봐야 한다.

6. 석혈(石穴)

내룡이 준험하여 거친 돌로 오다가 입수처에 이르러 세눈(細嫩)의 석산으로 변하고 다시 결혈처에서 혈토〔土胎〕로 변한 것과 내룡이 토산(土山)이었지만 입수처에서 석산으로 변하고 다시 결혈처에서 거친 돌로 변하여 그 사이에 관을 묻을 정도의 흙이 있는 혈로 나눌 수 있다. 다시 말해 석혈과 석비혈(石秘穴)의 두 종류로 나눌 수 있다. 이들은 모두 살기가 중중한 것으로 경솔하게 취해서는 안 된다.

혈성과 혈장이 분명하여 모든 것이 합법인데 당혈처에 석판(바위)이 있는 곳은 석판을 캐내고서 안장하는 것으로 이를 개산취보(開山取寶)라고 한다.

용과 혈이 모두 진짜인데 다만 전후좌우가 모두 큰 돌(혹은 바위)이고 당혈처에도 거석이 있는 것은 혈자리의 거석을 완전히 파내고 나서(이를 大開金井이라 한다) 객토로 파낸 구멍을 메웠다가 다시 천광하여 안장한다. 이때 혈 앞과 좌우의 돌은 제거하고 혈의 뒤편에 있는 유근지석(有根之石)은 용을 상할 우려가 있으므로 파내지 말고 객토로 덮어준다.

석상혈(石上穴)이라고 하는 것은 당혈처에 석반(石盤)이 있고 인목 자리에 흙이 둘러 있으면 석반 위에 관을 놓을 수 있다. 이 석반의 돌 모양이 어지럽거나 또는 송곳처럼 뾰족뾰족하면 가짜다.

7. 기룡혈(騎龍穴)

용척에 혈을 맺은 것으로 조산과 안산이 단정하고 사정팔방(四正八方)이 감싸주기만 하면 기의 지나감과 멈춤을 깊이 살펴 결정해야 한다.

이 밖에도 여러 종류의 괴혈과 추혈(醜穴)이 있으나 어느 것을 막론하고 필히 용이 진짜여야 하고 혈을 맺으면 모든 것이 격에 맞아야 한다.

괴혈이란 다만 혈의 조건이 숨어 있어 쉽게 찾아보기 어렵다는 뜻이지 결코 아무 법도 없이 편의대로 판단하는 것이 아니라는 점을 깊이 새겨야 한다.

제4장
사법(砂法)

제1절 총칙

사(砂)는 혈성의 전후좌우에 있는 산과 물을 말한다. 용혈이 진짜이면 좌우의 산들도 자연히 이에 상응하는 것이고 만약 용혈이 진짜가 아니면 좌우의 산들 또한 등을 돌리고 치졸한 것이다. 이는 자연의 이치다.

사라고 하는 것은 옛 사람들이 풍수지리를 가르칠 때 사반(砂盤)으로 여러 가지 모형을 만들어 설명하였다는 뜻에서 유래된 이름이다.

사를 보는 큰 줄기는 첨원방정(尖圓方正)한 형은 길하고 한쪽으로 기울거나 역으로 된 것은 흉이라는 점이다. 또한 개면

하여 유정하고 수려하며 광채가 있는 것은 길하고 추악하고 무정하여 볼썽사납게 높기만 한 산은 흉이다.

형상으로 말하자면 병풍 · 장막 · 일산(日傘) · 문필 · 옥인 · 고적(鼓笛) · 관모와 같은 것은 길하고 투창 · 파의(破衣) · 제라(提羅) · 단두(斷頭) · 시신 · 칼끝과 같은 것은 흉이다.

또 둥글게 살이 찐 형태면 부(富)를 뜻하고 깨끗하게 빼어나면 귀(貴)라고 한다.

그러나 혈의 길흉은 용혈이 체(體)가 되고 사는 조응 · 호종 등으로 용(用)에 불과하다는 점에 유의해야 한다. 그런 뜻에서 선사는 "사여미인(砂如美人)하여 귀천이 종부(從夫)라"고 하였다.

제2절 청룡 · 백호

혈장에서 앞을 향해 왼팔 쪽은 청룡이라고 하고 오른팔 쪽은 백호라고 한다. 인체에 비유하면 혈심은 가슴 부위에 해당하고 청룡 백호는 양팔〔兩臂〕에 해당한다. 두 팔을 용호라고 이름하는 이유는 우주의 동 · 서 · 남 · 북 · 중앙 곧 5방에 각각 그 방위를 관장하는 영물〔神〕의 이름에서 빌려온 것이다. 북쪽은 신구(神龜)요, 남쪽은 영작(靈鵲)이며, 동쪽은 청룡, 서쪽은 백호 그리고 중앙은 황웅(黃熊)이라는 고사에서 유래된 것이다.

북쪽의 신구를 현무라고도 하는데 현(玄)은 흑(黑)으로서 북방을 표상하는 색이며 영작을 주작(朱雀)이라고도 하는데 주

(朱)는 남방의 표상색이다. 그러므로 풍수지리에서는 혈성의 뒤편을 현무〔北〕, 전면을 주작〔南〕, 좌는 청룡〔東〕, 우는 백호〔西〕라고 명명한다. 또 현무 · 주작 · 청룡 · 백호를 사신사(四神砂)라고 이름하여 매우 중요하게 관찰한다.

용호는 혈장을 호위하여 바람이나 물이 내려치는 것을 막아주는 역할을 함으로 매우 중요한 것임에는 이론이 없다. 그러나 용호가 갖추어지지 않고도 혈을 맺는 경우가 있고 용호가 매우 아름다워도 혈을 맺지 않는 경우도 있다.

다시 말해 용과 혈이 진짜임을 깊이 깨달을 것이지 용호의 아름다움에 현혹되어서는 안 된다. 용호는 다만 바람을 막고 물을 거두는 유정불기(有情不欺)를 살펴야 한다.

풍수에서는 생기가 엉켜서 뭉치는 것〔融聚〕을 필수로 한다. 이 생기가 바람을 만나면 흩어지기 때문에 좌우에 용호가 있어서 혈장을 주밀하게 호위하여 기의 발산을 막아주는 것이다. 본신에서 두 팔을 벌려 용호가 되는 곳도 있고 혹은 본신은 홀로 행동하나 양쪽의 산들이 본신을 감싸안아 되는 곳도 있으며 혹은 한쪽은 본신에서 다른 한쪽은 다른 산에서 된 곳 등이 있다.

형상에 있어 정을 가지고 감싸면서 양쪽이 절하듯 하고 높낮이가 서로 대응하면 길상이고 뾰족하거나 깨어졌거나 빳빳하거나 기울어져 달아나는 것, 또는 내리누르거나 허리나 팔이 잘려 무정한 것은 흉상으로 본다.

1. 좋은 용호들: 길류(吉類):〈 〉안은 斷驗의 예증이다.

항복(降伏): 낮게 내려가 엎드려 사랑하듯이 혈을 감싼 것 〈一門和合〉.

비화(比和): 좌우가 균등한 것 〈一門和合〉.

배아(排牙): 용호 안의 관란이 마주 보며 마치 톱니바퀴가 맞붙어 있는 형상 〈主貴〉.

손양(遜讓): 서로 앞뒤를 양보하여 부딪치지 않는 것 〈一門和合〉.

대인(帶印): 용호에 둥근 흙무더기〔玉印〕가 붙은 것 〈主貴〉.

대아도(帶牙刀): 용호에 뾰족한 것〔尖利〕이 붙은 것 〈主貴〉.

대인홀(帶印笏): 용호에 한쪽은 인(印)이 붙고 다른 한쪽은 곧은 흙무더기가 붙은 것 〈主貴〉.

장검(杖劍): 용호에 칼 모양의 사(砂)가 붙은 것 〈主貴〉.

교회(交會): 용호가 겹쳐서 감싼 것 〈속발한다〉.

개쟁(開睜): 용호의 두 어깨가 앞으로 굽은 것 〈主貴而傲〉.

2. 흉한 용호들: 흉류(凶類)

상투(相鬪): 용호의 끝이 서로 마주 보고 싸우는 모양 〈不和〉.

상쟁(相爭): 용호의 중간에 귀한 물건이 있어 서로 가지려고 싸우는 모양 〈爭訟, 嫉妬〉.

상사(相射): 용호의 끝이 뾰족하여 서로 찌르는 모양 〈骨肉相殺〉.

분비(分飛): 용호가 서로 등지고 밖으로 향한 모양 〈分居雁行夫婦生別〉.

추차(推車): 용호가 곧게 뻗어 마치 두 손을 펴서 수레를 미는 것과 같은 모양 〈貧苦〉.

절비(折臂): 용호의 중간이 낮아서 팔이 잘려진 것처럼 보이는 모양 〈殘疾, 絶嗣〉.

반배(反背): 용호가 반대 방향으로 구부러진 것 〈客死〉.

단축(短縮): 용호가 혈장보다 짧은 것 〈孤貧〉.

순수(順水): 용호가 물 따라 같이 나아간 것 〈敗財〉.

교로(交路): 용호의 능선 위로 큰 길이 교차한 것 〈自縊死〉.

3. 청룡 · 백호의 출생에 따른 분류

정체(正體)는 혈성 양쪽 편에서 나와서 서로 포옹한 것.

단고(單股)는 혈성 양편에서 나왔지만 한쪽은 앞으로 나아가고 다른 한쪽은 뒤처져 짧은 것.

궁각(弓脚)은 선궁(仙宮)이라고도 하며 용호가 하나는 짧고 하나는 길어서 긴 쪽이 짧은 쪽을 감싼 것이 마치 발을 개고 있는 형상과 같은 것.

유회(紐會)는 용호가 하나는 길고 하나는 짧되 궁각처럼 겹쳐지지 않고 용(또는 호)의 팔이 호(혹은 용)의 어깨를 지나 감싸고 있는 것(옷깃을 여민 모양).

본체(本體)는 정체와 다르게 본신에서 용호가 없고 물 건너에 있는 산으로 용호를 삼은 것.

첩지(疊指)는 용호 가운데 한쪽은 홑겹이고 다른 한쪽은 두 세 겹으로 된 것.

양비직전(兩臂直前)은 외면횡란(外面橫攔)으로 수수(收水)한 것.

양비단축(兩臂短縮)은 간신히 혈장을 싸고 있는 것.

양비장개(兩臂張開)는 하수사가 물을 거둘 뿐 용호가 명백하지 못한 것으로 일명 장산식수(張山食水)라고도 한다.

제3절 조안(朝案)

조안은 혈 앞에 있는 산을 총칭하는 말로 조산(朝山)과 안산(案山)을 합성한 말이다.

안산이란 혈장에서 가깝게 있는 작은 산이요, 조산이란 안산 밖에 멀리 있는 높고 큰 산이다. 안산은 마치 귀인의 책상과 같고 조산은 마치 주인과 손님이 서로 얼굴을 맞대고 예를 나눔과 같다고 하겠다.

안산이 갖추어지면 혈 앞의 물을 거두는 것이 주밀하여 원진수(元辰水)의 곧게 나아감과 내명당의 툭 터짐을 막아줌으로 자연히 안에 있는 기가 응결하게 된다.

조산이 있으면 배대(配對)가 상위(相位)하여 외명당이 핍착하지 않고 외기가 매우 왕성한 것이다. 조안이 온전히 구비되면 내외명당의 당국이 구비된다.

여기서 독자들에게 재삼 강조하는 바는 일리관통(一理貫通)을 잊지 말고 원리를 깨닫는 데 주력할 것이지 법조문처럼 비판없이 암기하는 것은 바른 공부요령이 아님을 명심하여야 한다는 점이다.

본절에서도 조안이 필요하게 된 원리를 깨닫고 보면 결혈함에 있어서 조안이 온전히 갖추어지면 좋은 것은 물론이지만 필수조건은 아님을 알게 될 것이다.

예를 들면 혹 용호가 배아교포(排牙交抱)하여 안의 기가 융취하고 원진수가 곧게 뻗어 흐르는 것이 아니면 비록 안산이 없다 하더라도 안산이 하여야 할 요건, 즉 내기융결이 되었으니 결혈이 가능한 것이다. 혹 조산이 없다 하더라도 용의 기가 매우 왕성하고 나성(羅城)이 주밀하면 기국(氣局)이 광대한 것이 아니겠는가. 요는 장승생기가 풍수지리의 본질임을 이회(理會)하면 명사(名師)이다.

1. 안산

혈 앞의 낮은 산으로서 비유하자면 귀인이 일상중에 사용하는 물건에 해당한다.

옥궤 · 횡금(橫琴) · 면궁(眠弓) · 대횡(帶橫) · 석모(席帽) · 아미(蛾眉) · 천마(天馬) · 서대(書臺) · 옥인(玉印) 같은 형으로 조산의 산 끝을 가려주어야 한다.

앞에서 예를 든 것과 같은 물형을 갖추지 않아도 단정하고 아름답게 혈장을 감싸기만 하면 길하다고 볼 수 있다. 반면에 달아나는 형세나 첨사(尖射) · 파쇄(破碎) · 조대(粗大) · 반배(反背)한 것은 흉이다.

여기서 한 가지 주의할 것은 지나치게 가까워서 혈장을 압박하는 것은 좋지 않다는 것과 순수냐 역수냐 하는 것은 관계없이 유정만포하고 개면향혈(開面向穴)만 하면 안산의 임무는 다 한다는 것이다.

안산에는 본신에서 출신하여 감싸는 것도 있고 또 외래산(外來山)이 수관 원진수(收關元辰水)하여 이룩된 것도 있고 혹은 산은 없이 저수(渚水)가 안산의 대역이 되는 것도 있다.

本山爲案

外山爲案(一)

外山爲案(二)

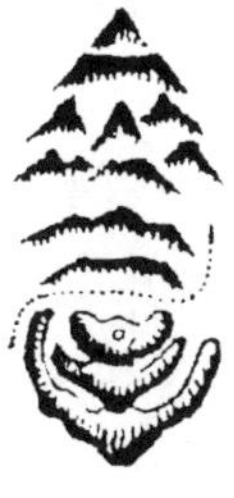

外山重秀

안산

2. 조산(朝山)

안산 너머에서 혈과 마주한 산들을 가리킨다. 유정하게 혈을 향하는 것이 마치 신하가 조정에 나와 군왕을 대하는 것과 같고 자식이 부모를 봉양함과 같다. 혹은 부부가 서로 좋아하는 것과 같은 것이다.

혈성에서 바라다보면 모든 산들이 특이한 모습으로 단정하게 혈을 향하고 있어야 한다. 그 크기와 장엄함이 용혈과 서로 비슷해야 길상이다. 용과 혈이 모두 진짜인 경우에는 조산도 역시 좋은 것이 지리의 이치다.

조산의 종류에는 특조산(特朝山) · 횡조산(橫朝山) · 위조산(僞朝山) 등이 있다.

특조산은 먼 곳으로부터 두 개의 물줄기가 끼고 내려와 엎드려 절하듯이 혈 앞에 당도하는 것으로 상격으로 친다.

횡조산은 장막을 펴서 유정하게 혈을 대하거나 혹은 양쪽 끝이 혈을 호위하면서 음악을 연주하는 상이면 비록 앞에 있는 산이 옆으로 지나가도 지각이 머리를 숙이고 엎드려 배알하는 형세니 길상이다.

위조산은 봉우리들은 비록 아름답지만 전체 흐름이 혈을 피해 곧장 어디론가 나아가 무정한 형세를 취한 것이다. 이는 혈을 향해 정을 줄 의사가 없으므로 흉상이다. 일명 추조산(墜朝山)이라고도 한다.

조산이 없이도 혈을 맺는 것이 가능하다. 이 경우는 안산이 단정해야 하고 바깥 명당에 물이 모일 수 있어야 한다. 혹 평원에서는 평원으로 조산을 삼으니 조금만 높아도 조산이라고 한다. 그러므로 선사는 "유산(有山)이면 향산(向山)하고 무산(無山)이면 향수(向水)한다"고 했다.

조산에서 유념할 점은 조산의 원근은 용혈의 역량과 상칭하는 것이다. 용혈이 천리의 역량이면 천리 밖의 조산도 영향을 미치지만 용혈이 짧으면 멀리 있는 조산의 길흉은 전혀 영향이 없다는 점이다.

3. 조산 난잡

내룡이 길고 멀면 앞에 있는 산 또한 중첩하게 된다. 전사(前砂)는 물론 여러 겹으로 층층을 이루는 중에 아름답고 기이하면 귀한 것이다. 그러나 산봉우리들이 너무 많아 이것도 조산이 될 만하고 저것도 조산이 될 만하여 특이한 봉이 없으면 결국 정을 주는 것이 아니니 이를 난잡이라고 한다.

그러므로 여러 산 중에 한 봉우리가 특이하고 아름다워 혈과 마주 대해야 길한 것이다. 예컨대 세 봉우리 중에 두 봉우리는 높고 한 봉우리는 낮으면 낮은 봉이 조산이 된다. 두 봉우리가 서로 마주 서 있으면 그 사이 빈 곳이 바른 조산처가 된다.

한마디로 택기특달의 원리다. 이를 선사는 "특이이위정대(特異以爲正對)"라고 하여 조산에는 고봉독수(孤峰獨秀)를 도리어 길로 쳤다.

正朝

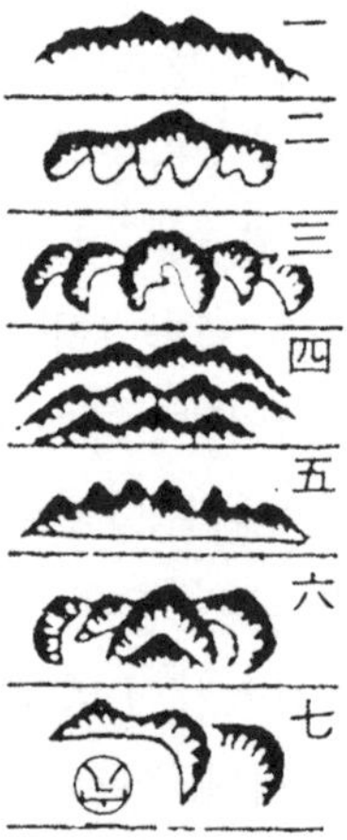

橫朝

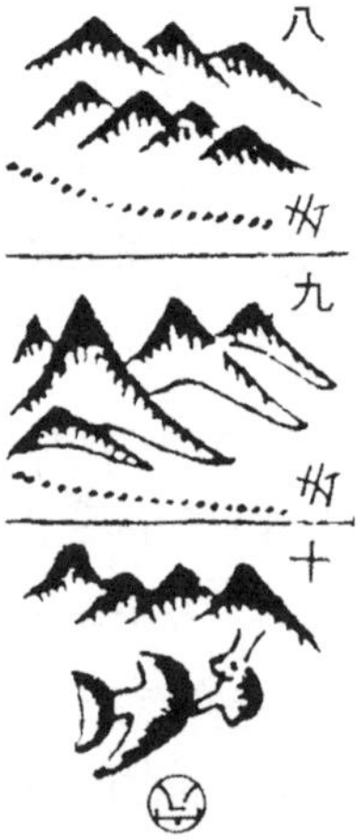

僞朝

조산도

제4절 전응후조(前應後照)

안산 밖의 산을 전응(前應)이라 하고 현무의 봉우리 뒤에 있는 산을 후조(後照)라고 한다. 다른 말로 전조후개(前照後蓋) 혹은 전친후의(前親後倚), 보전용루(寶殿龍褸), 전장후병(前帳後屛)이라고도 한다.

전응은 제2중 안산 및 3중 5중산이며 한층 한층 차례로 높으면서 단정하게 혈을 향해야 한다.

후조는 주산 뒤에서 귀한 모습으로 높게 서서 현무를 감싸주어야 하므로 어병(御屛)이나 장막과 같다고 하겠다.

회룡(回龍)결혈이나 횡룡(橫龍)결혈에서는 조종산이 후조산이 되지 않고 다른 줄기의 산 중에서 높고 존귀한 것이 후조가 된다.

그러므로 전응후조가 중첩이면 길한 것이다. 둘을 비교하면 후조가 전응보다 중요하다.

제5절 좌보우필(左輔右弼)

이것은 용혈의 중요한 증거가 되는 산들이다. 혈장의 좌우에 있는 특별나게 솟은 봉으로서 협이대치(夾耳對峙)하여야 길하다. 좌우 산의 높낮이, 대소, 원근이 서로 비등해야 한다.

태양 · 태음산이 치솟은 것은 일월협조(日月夾照)라 하고 붓이나 기와 같이 혼자 서 있는 것은 문무시위(文武侍衛)라 한다. 네모지고 평평한 것은 열장열병(列帳列屛)이라 하는데 중중첩첩하여 높이 치솟은 산들이 혈장을 모시고 있는 형세다.

이 시위산이 뒤에서 오는 용의 발신처의 좌우에 있으면 천을태을(天乙太乙)이 되고 과협의 좌우에 있으면 천각천호(天角天弧)라 하며 전조의 좌우에 있으면 금오집법(金吾執法)이라 하고 또 명당의 좌우에 있으면 천관지축(天關地軸)이라 하고 수구의 좌우에 있으면 화표한문(華表捍門)이라 한다.

만약 좌우가 균형을 이루지 못하면 보필로 취급하지는 않는다.

제6절 천문지호(天門地戶)

천문은 물이 오는 방향을 말하며 지호는 물이 가는 방향을 말한다. 물이 왼쪽에서 와서 오른쪽으로 나가면 청룡 쪽이 천문이 되고 백호 쪽이 지호가 된다. 물이 오른쪽에서 와서 왼쪽으로 나간다면 백호 편이 천문이 되고 청룡 편이 지호가 된다. 이를 삼문오호(三門五戶)라고도 한다.

천문은 넓어 산과 물이 맑아야 하고 지호는 밀폐된 듯하여야 좋다. 그 형세는 마치 장막을 친 것과 같아야 하고 혈장에서 물이 빠져나가는 것이 보이지 않아야 한다.

반대로 천문이 좁고 지호가 넓으면 이는 물이 서로 모이지 못한 것으로 이런 곳은 진짜 혈이 없다. 선사는 "원국(垣局)이 귀하여도 삼문이 핍착하거나 혈성이 기이하여도 오호가 밀폐하지 못하면 취하지 말라"고 했다.

제7절 나성 · 원국(羅城 · 垣局)

전응과 후조가 혈장을 중심에 두고 주위로 서로 연결된 것을 나성 또는 원국이라 한다. 중중첩첩하여 높게 주위를 감싸되 일층 또 일층으로 점점 높아지고 둥근 형을 이뤄야 길하다. 이는 흡사 성을 쌓은 것과 비슷하다고 하여 나성이라 한다.

또한 뭇 별이 원성(이기편 참조. 하늘의 별 중에 왕인 자미성 자리)을 호위하고 있는 것과 같다고 하여 원국이라 한다.

나성과 원국은 말은 달라도 뜻은 같은 것이다. 궁색하지 않게 넉넉하고 주위가 원형을 이뤄 물이 나간 곳이 어디인지 분간할 수 없는 것이 상격이다.

제8절 낙산(樂山)

혈 뒤에서 혈장과 대응되게 감싼〔蓋托〕 산을 말한다.

직래(直來)하여 혈을 맺었거나 혈성이 높으면 낙산이 필요하지 않다. 반면에 횡룡결혈하였거나 또는 혈성이 요내 · 측뇌 · 몰골 등이면 낙산을 필수로 한다. 또 낙산은 홀로 높거나 넓게 장막을 쳐서 혈장의 빈 곳을 막아주면 족하다. 그 형상이나 본신산 또는 객산 등의 차이에는 관계가 없고 다만 혈 위에서 고개를 돌려 보일 정도의 것이 좋으며 거리가 멀어 혈장과의 사이가 넓으면 흉하다.

요컨대 뒤에 가깝게 붙어 바람을 막아주는 것이 중요하다. 낙산에는 다음 세 종류가 있다.

특락(特樂)은 먼 곳으로부터 혈을 향해 곧장 와서 혈의 베개와 같은 것으로 매우 귀한 것으로 친다. 특히 낙산과 혈성 사이에서 물이 흘러 혈 앞을 감싸면 가장 좋다.

차락(借樂)은 장막처럼 옆으로 퍼져 혈의 베개가 된 것으로 빈 곳이 없어야 하며 역시 귀한 것으로 친다.

허락(虛樂)은 비록 뒤에 산이 있으나 혈의 베개도 아니고 휘장도 아닌 상태로 바람을 막지 못하는 것을 말한다. 취할 바가 못된다.

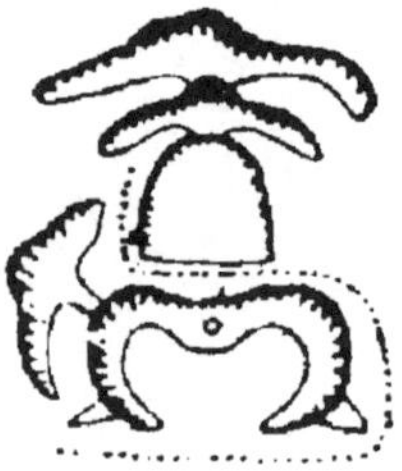

持樂

借樂(一)

낙산

虛樂

借樂(二)

낙산

제9절 하수사(下手砂)

방위와 관계없이 물이 나가는 한쪽을 하수(下手)라고 한다. 일명 하비(下臂) 또는 하관(下關)이라고도 하며 결혈 여부에 중요한 관건이 된다.

하수사는 상수사(上手砂)보다 길어서 흐르는 물을 역으로 막아야 한다. 따라서 하수사가 여러 겹으로 혈을 돌아보며 감싸야 좋다. 반대로 낮고 작거나 짧아서 그대로 물을 따라가는 모양이거나 혈을 돌아보는 모습이 아니면 불길한 것이다.

하수사를 보는 법은 역으로 혈을 돌아보고 있느냐 아니냐가 관건이다. 일중수(一重水)에는 일중사(一重砂)가 필요하다. 예컨대 내당의 작은 시내는 왼쪽에서 오고 외당의 큰 물이 오른쪽에서 오면 혈에서 보아 왼쪽 산이 먼저 작은 시내를 막아준 뒤에 오른쪽 산이 큰물을 막아주는 것이 합법이다. 그러나 대세는 순역(順逆)을 구별하여서 역국(逆局)이면 순수(順水)하고 순국이면 역수(逆水)하는 것이 음양교합의 이치이다.

선사는 하수사의 중요성에 대해 "미간후룡래불래(未看後龍來不來)하고 단간하관긴불긴(但看下關緊不緊)하라"고 강조했다.

青龍순관

白虎순관

白虎역관

青龍역관

青龍역관

白虎역관

하수사도

(上手高下手低 凶)

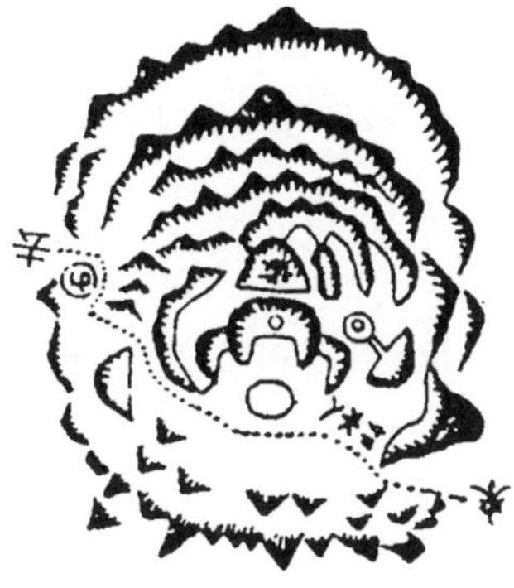

(吉)

(吉)

하수사도

제10절 수구사(水口砂)

수구사는 물이 흘러 나가는 곳의 양쪽 언덕에 자리한 산을 말한다. 물이 곧게 나아가는 것을 막는 것이 임무다. 그러므로 짜임새 있게 막아주는 것을 필요로 한다.

매우 좁게 막거나 혹은 높게 절하듯 막거나 또는 물 양쪽에서 톱니바퀴가 맞물리듯이 교차하는 것이 좋다. 때론 괴이한 돌과 바위가 있어서 인홀(印笏)·금수(禽獸)·구사(龜蛇)와 같은 모양을 이루기도 하고 혹은 좌우에 높은 산이 대치하여 사자모양이나 깃발, 북 모양을 이루기도 한다.

요컨대 수구사는 겹겹으로 감싸고 톱의 이빨이 서로 물리듯 좁아서 물의 속도를 완만하게 하고 왕성한 기운의 누설을 막는 것이 최상이다. 따라서 수구 사이에 있는 교량, 큰 나무들, 사찰, 가옥 등도 수구사와 같다. 비유하자면 원국(垣局)이 병영이라면 수구사는 위병의 초소에 해당한다.

① 화표(華表): 수구 사이에 있는 기이한 봉우리를 말하며 높고 우뚝한 것을 길로 친다.

② 한문(捍門): 수구 사이에 문설주와 같이 산이 서로 대치하고 있는 것으로 다음과 같이 세 종류가 있으며 반드시 구체적 모양(日月·龜蛇·旗鼓·獅象)을 갖춰야 한다.

첫째는 혈 앞 좌우에 대문과 같이 단정하게 자리하여 전사(前砂)를 방입(放入)하고 외부의 산과 물이 절하듯하는 것이다.

둘째는 혈 앞의 좌우에 두 산이 마치 문을 열어놓은 듯하여 물이 그 사이로 흘러가되 발원처와 빠져나가는 곳이 보이지 않고 또한 외양수(外洋水)가 정면에서 다가오든가 아니면 큰 강이 횡으로 감고 돌아가 내당을 조밀하게 감싸주는 것이다.

셋째는 횡수(橫水)가 출구 좌우에 문을 세워 그 문 안으로 물이 흘러가는 것이어야 한다.

③ 북진(北辰): 화표, 한문 중에서도 특이한 산을 달리 부르는 말이다. 수구 사이에 암석산이 높이 우뚝 서 있되 높이는 수십 척이며 그 형상이 특이해 보는 사람으로 하여금 두려움을 느끼게 한다. 그러므로 만약에 혈장에서 보인다면 흉사가 된다. 이 북진이 합법한 곳은 금혈(禁穴)이 허다하다.

④ 나성(羅星): 수구관란 중에 있는 작은 봉(흙, 바위가 퇴적된 구릉)으로서 주위 4면이 물이며 내명당 밖에 위치하여 혈장에서 보이지 않는 것이 원칙이다. 만약 혈장에서 보인다면 도리어 흉이 된다.

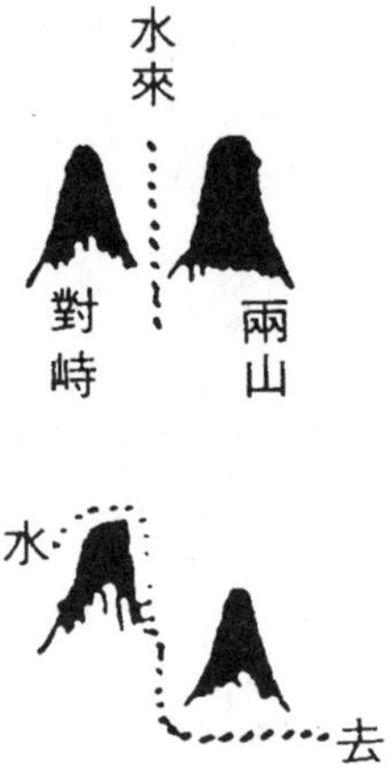

華表(一)

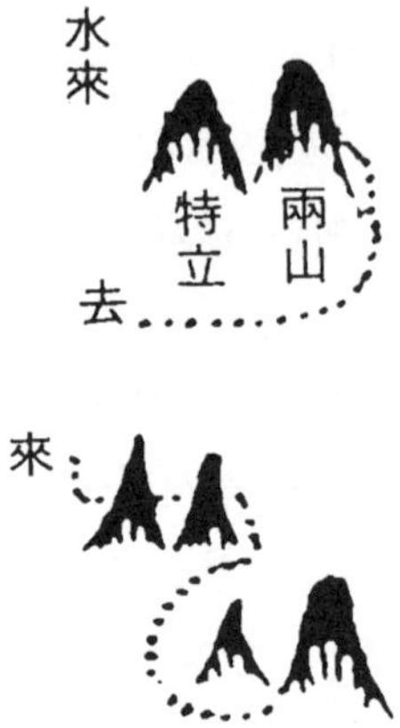

華表(二)

捍門(一)

捍門(二)

捍門(三)

화표 한문

제11절 관귀금요(官鬼禽曜)

관귀금요는 진혈의 전후좌우에 있는 작은 산들이다. 앞에 있으면 관성이라 하고 뒤에 있으면 귀성, 청룡 백호 밖의 좌우에 있으면 요성이라 한다. 또 명당의 좌우나 수구 사이에 있으면 금성이라 한다. 모두 용혈의 증거가 되는 산들이다.

1. 관성

청룡과 백호가 혈장을 감싸고 그 배후에서 앞으로 나간 산을 말한다. 이를 두고 "본명산전갱유산(本命山前更有山)"이라고 하였다. 이 관성은 형상에 관계없이 있으면 길하다. 용의 기가 왕성하면 혈장을 만들고도 남은 기가 있어 관성산이 된다. 청룡 백호 밖에 있으므로 혈장에서는 보이지 않는 것이 보통이나 혹 보이는 것도 있어 보이는 관성을 특히 현세관(現世官) 또는 현면관(現面官)이라 하여 당대에 귀인을 배출하는 것으로 본다.

요즘 풍수사 중에는 이 관성을 잘못 이해하여 조산(朝山)의 후면에 있는 산으로 말하는 사람도 있으나 이것은 이치에 맞지 않는다. 양균송이 "문군하자위지관(問君何者謂之官)이고 조산배후역타산(朝山背後逆拖山)이라"고 하는 데에서 조산이란 문구는 조안(朝案)의 조산이 아니라 조응(朝應)의 뜻으로 풀이해야 마땅하다.

2. 귀성

혈 뒤에 있는 조사〔撑助砂〕로서 혈장의 베개가 되는 것이다. 직래(直來)결혈에는 필요치 않으나 오직 횡룡결혈에서 만은 필수인 것이다. 그러나 귀성 자체가 혈의 등급에는 전연 무관한 것이고 다만 맥기의 진행방향을 전환시켜 주며 혈장의 뒤가 공허한 것을 막아주는 것이 임무다. 따라서 지나치게 높거나 커서는 흉이 되며 형상에는 상관없다.

3. 금성

명당 좌우 또는 수구 중에 있는 암석을 말한다. 일명 낙하대성(落下大星)이라고도 한다. 암석의 뿌리는 산봉우리와 연속되어야 진짜다. 깊이 박히지 않고 떠 있는 암석은 가짜다. 형상의 아름다움이나 추한 것은 길흉과 밀접한 관련이 있다.

4. 요성

용의 귀한 기가 왕성하여 출현한 것이다. 청룡 백호 밖이나 용의 몸체나 다리 혹은 혈 앞의 좌우에 혹은 명당 아래 또는 수구 등 어느 곳을 막론하고 용의 몸체에 붙은 뾰족한 산이나 바위를 총칭한다. 즉 정한 자리가 있는 것이 아니다.

요성은 귀한 것이어서 부귀혈에는 반드시 따라다니는 법이다.

그러나 칼이나 창과 같이 뾰족한 형이기 때문에 살(殺)과 요성은 구별이 매우 어려워서 대개의 풍수사는 요성을 두려워하여 진짜 혈을 버리는 경우가 없지 않다.

이를 구별하는 법은 다음과 같다.

내룡은 조종 부모요, 혈성은 주인이며 요성은 보조원과 같다. 본신용혈로 근본을 삼아 판별할 것이다. 예를 들면 용이나 혈이 진짜면 대귀인과 같으니 수종하는 군졸이 있어서 혹은 좌에서 혹은 우에서 호위하고 혹은 앞으로 나아가거나 혹은 뒤에 서기도 한다. 이른바 순거순수(順去順水)하여도 모두 요성이 될 수 있다.

그러나 용과 혈이 가짜고 천한 경우에는 후손이 고향을 떠나거나 손재를 당하고 형살을 받는 살성으로 바뀐다.

요성이 곧장 나아가면 필히 바깥에 관란이 있어야 된다. 만약 한결같이 곧게 가 버리고 물을 막아주는 것이 없다면 이것은 이향사(離鄕砂)일 뿐이지 요성이 아니다.

혈 앞에 양쪽으로 뾰족한 것이 서로 부딪치면 살이 되나 서로 양보하면 요성이다. 또 혈 앞을 향해 찌르면 살이 되나 옆으로 피하면 요성이다.

요성은 인체의 모발이나 손톱, 발톱과 같은 것이니 필요하기는 꼭 필요한 것인데 지나치게 길거나 짧으면 흠이 된다는 이치를 깊이 명심해야 한다.

제12절 사형(砂形)

1. 판별법

사형은 심히 복잡하여 전부를 기술하기는 곤란하다. 큰 줄기를 말하자면 귀천은 반드시 용혈이 주이고 사는 아내와 같은 것이다.

그러나 사에도 또한 일정한 길흉이 있는 법이다. 예를 들면 흔군사(掀裙砂: 치마를 걷어올린 듯한 모습의 산)나 경권사(擎拳砂)는 길한 것이 될 수 없고 어병사(御屛砂)나 옥대사(玉帶砂) 같은 것은 흉한 것이 될 수 없다.

사를 살피는 요령은 대개 물상의 형태에 의지하여 이름을 붙이나 시대성과 역사성, 지역성을 고려하여야 한다. 예를 들면 옛날에는 마차가 교통수단의 주가 되었으나 현대는 자동차가 주가 되었으니 마형사(馬形砂)에 대한 평가도 달라져야 한다.

사는 응험이 정확하다. 예를 들면 필사(筆砂)가 있으면 재사·묵객이 태어난다.

또 사를 보는 데는 그 모양보다 향배정성(向背情性)에 치중, 판단해야 한다. 예를 들면 산이 어두우면 사람이 혼미하고 산이 순하면 효자가 난다는 것 등이다.

음사(陰砂)란 혈 중에서는 보이지 않고 산록이나 평지의 밭에 있는 석척(石脊)이나 무더기〔墩埠〕를 가리키는 말이다.

여기서 주의할 것은 모양을 보는 것이 아니라 기를 보는 것이라는 점이다.

2. 사형팔살(砂形八殺)

사형에는 팔살(八殺)이 있다.

① 사(射): 뾰족하여 혈장을 옆에서 충하는 것. (귀양을 가거나 침맞는 환자가 많다.)

② 탐(探): 산이 사람의 눈썹 부분처럼 보이는 것. 규봉이다. (도적이 든다.)

③ 파(破): 투정(透頂)하였거나 깨진 것. (음란한 일이 생긴다.)

④ 충(沖): 첨예한 것이 앞에서 충하는 것. (횡액을 만난다.)

⑤ 압(壓): 혈 앞에서 능압하는 것. (아랫사람이 주인을 배반한다.)

⑥ 반(反): 몸이 구부러져 반배한 것. (배반의 일을 당한다.)

⑦ 단(斷): 산의 뇌 아래에 가로금이 생긴 것. (참수당하여도 장사 지내 줄 사람이 없다.)

⑧ 주(走): 산이 기울어 물을 따라 가는 것. (방탕아, 가출자가 생긴다.)

3. 사격 정하는 법

사격(砂格)을 정하는 법은 다음과 같다.

산봉우리의 윗부분만을 보고 정하는 것. 〈필봉 등.〉

산봉우리의 아랫부분〔山脚〕을 보고 정하는 법. 〈도홀(倒笏) 등.〉

산봉우리의 머리와 다리 등 전체적으로 보고 정하는 법.

두 산 또는 세 산을 서로 합하여 정하는 것. 〈마상귀인(馬上貴人) 등.〉

九變 九星	長體	倭體	肥體	瘦體	聚氣	合形	破相	斜頂	仰面
太陽	鍾	釜	富格	貴格	主貴 낙태	金相 玉印	霞城	旗類	金盤
太陰	眼弓	文星	金船	娥眉	對鏡	屛笏	金冠	蓋錢	玉帶 거울
金水	翔鳳	官帽	駕鶴(高) 玉輦(低)	金龜	鳳凰(肥) 仙鶴(수)	笏	錦帳	駱駝	花
紫氣	人形		貴人	筆	奉誥	貴人	大將	旌節	笛
凹腦	玉案	展誥		交床	講座	展誥		獅子	琴
雙腦	天馬	驛馬	준마	凶	五馬行春		帶甲馬	出陣馬	臥弓
平腦	御屛	赦文	玉屛	象簡	御街	侍講	懸簾	갓집	方盤
天罡	御傘 (不宜正案)	투구 단두산	車蓋	銀甕	天槍	軍營	堆甲		
孤曜	寶庫	金構	鼓	鉢盂	寶幢		獻花	履杓	仙掌

▲燥火는 창 · 칼 · 기의 형상이 많고 掃湯은 물고기 · 조개 형상이 많다.

九星九變表

제13절 사격 총론(砂格總論)

1. 사의 길흉은 방위에 따라 판단

용과 혈이 진짜면 혹 사수(砂水)가 살을 끼고 있다 하더라도 쓸 수 있다.

귀사(貴砂)라고 하는 것은 앞에서도 말했듯이 모양이 아름답고 유정하여야 하나 또한 있어야 할 방위에 있어야만 위력을 발휘하는 법이다(得位得地).

예를 들자면 귀인봉은 귀인방위, 문필사는 문창(文昌)방위, 천마사는 역마방위, 창고사는 고장(庫藏)방위에 자리해야 한다.

천사(賤砂)라고 하는 것은 모양이 보기에 누추하고 무정한 것을 말한다. 이것 또한 제자리를 잡아야만 힘을 쓴다. 헌화사(獻花砂)는 도화(桃花)방위, 규봉(窺峰)은 적귀(賊鬼)방위, 살도사(殺刀砂)는 겁살방위, 관시사(棺屍砂)는 조객방위가 각각 그 자리다.

또한 먼 거리에 있는 것이 가까운 거리에 있는 것보다 힘이 덜 미친다. 사는 청룡이나 백호에 있는 것을 지밀(至密)이라 하고 외당에 있으면 입회(入懷)라고 하며 먼 곳에 있으면 조림(照臨)이라고 한다.

지밀의 사는 길흉간에 연 1회씩 작용하고 입회의 사는 1대(30년)에 한 번씩 작용하며 조림의 사는 100년에 한 번씩 작용한다.

그러므로 사는 연운(年運)에 따라서 길도 되고 흉도 되는 법이다.(자세한 것은 이기편에서 설명한다.)

눈 앞의 문필사는 매천필(罵天筆)로 작용하는 수가 있고 혈 아래의 둥근 도장 같은 사는 참두사(斬頭砂)일 수가 있다. 따라서 필사는 손신방(巽辛方), 인사는 태정사축(兌丁巳丑)방위에 있어야만 훗날까지 재앙이 없다.

또한 아도사(牙刀砂)라 할지라도 밖을 향하고 있고 혈성을 안고 있으면 귀사가 되기도 하나 방위가 맞지 않으면 먼 훗날 흉사로 작용한다. 모든 흉사가 그러하다.

그러므로 영자용하(令字龍下)의 참두사, 아형(鴉形)에 시사(屍砂), 장군대좌 형국 아래의 검사는 도리어 길이 된다. 이치를 궁구하기에 힘써야 명사가 될 수 있다.

귀인은 목성이고, 문필은 목·화성이다.

관인은 금성이고 탁기(卓旗)는 목·화성이 우뚝 선 것이고, 규홀(圭笏)은 금성대토(金星帶土)이다.

금장(錦帳)은 금수성이요, 명주(明珠)는 낮은 토성이다.

아도(牙刀)는 목·화성의 사출자(斜出者)이다.

그러나 사격의 모양새가 서로 비슷하여 인사와 타태(墮胎), 옥책과 시상(屍床), 횡금(橫琴)과 시관(屍棺)이 비슷비슷하여 판별하기가 매우 어렵다. 사격의 반 이상이 이러함으로 방위를 참작하여야 실수가 없다.

예를 들면 인부(印符)는 수구에 위치하여 수수(收水)하고 명령(螟蛉)은 생방위에 있는 것이 원칙인데 만약에 태방(胎方)에 있다면 모양은 같더라도 타태사로 바뀌고 만다. 모든 사가 이러하다.

그러므로 옥책은 을신정계(乙辛丁癸), 시상은 사(死)·장(葬)방위, 횡금은 대방(帶方)이 바른 위치이다.

2. 사신사에 대한 길흉

사격 중에서 가장 중요한 것이 사신사(四神砂)임은 앞에서 설명하였다. 그러나 다시 한번 강조한다.

현무는 북방칠수(北方七宿)의 이름이다. 그 모양이 거북이와 같이 머리를 숙이고 정중하여 높이 솟지 않고 은은한 것이 좋다. 현무가 머리를 숙이지 않는 것을 거시(拒屍)라 하고 높이 솟은 것〔特拔〕을 낙화(落花)라 한다. 이들은 혈을 맺지 못한다.

청룡은 동방칠수(東方七宿)의 이름이다. 그 모양새는 용과 같이 길고 머리를 높게 들어야만 비를 내리고 조화를 부리게 된다. 그렇지 못하면 질주(嫉主)라 하고 부침(浮沈)하면 바람이 새어들어 흉이 된다.

백호는 서방칠수(西方七宿)의 이름으로 그 모양새는 몸이 짧고 꼬리는 길어야 바람을 일으키는 위엄이 있게 마련이다. 백호가 고개를 들면 함시(啣屍)라 하고 지현굴곡하면 달아나는 상〔竄走〕이니 흉이다.

주작은 남방칠수(南方七宿)의 이름이다. 그 모양새는 나는 새와 같이 두 날개를 펴고 훨훨 날아야 한다. 주작이 고개를 숙이면 비거(飛去)라 하고 산란하면 흉이다.

吉砂圖

一字 文星　　半月文　　蛾眉文　　折脚文

(文星은 文顯之砂라.)

兩疊文　　三疊　　特立 武星　　雙起武　　連珠武

(武星은 武達之砂라.)

兩疊　　三疊　　特立 貴人　　雙薦貴人

馬上貴人　　殿下貴人　　大小貴人

(貴人은 出大官之砂라.)

사격(砂格)

單起牙笏

雙立笏

床笏

帳裡牙笏

(牙笏은 出鄕相公候之砂라.)

文筆

宰相筆

筆架

(文筆은 極貴라.)

掛傍

貴人觀傍

短傍

長傍

사격(砂格)

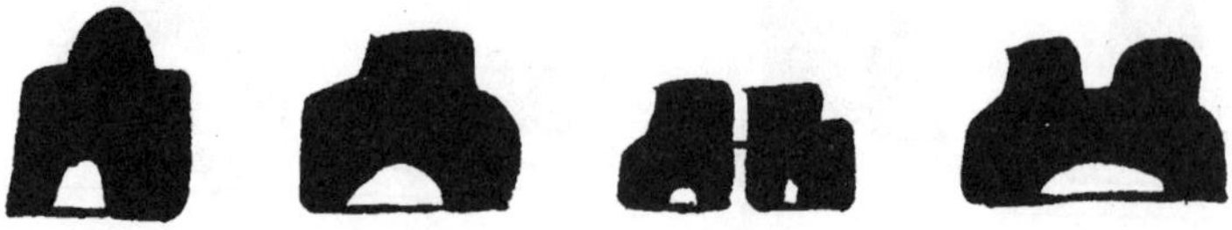

席帽　幞頭　雙帽　進幞

(幞出小科하고 帽出文蔭이라.)

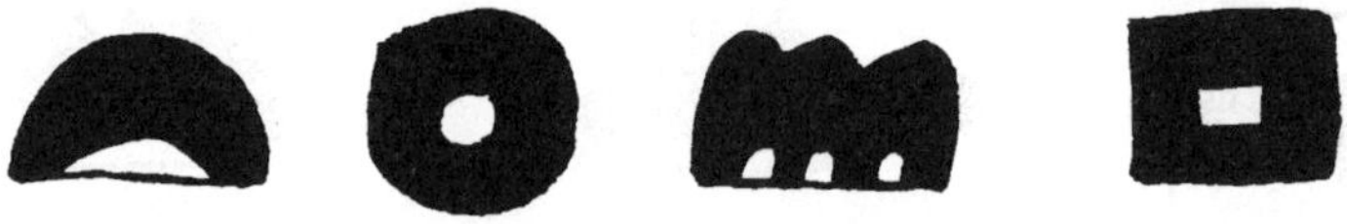

金箱　圓印　魚袋　方印

(印袋는 貴砂라.)

金倉　土庫　堆禾　霜積

(出豪富之砂라.)

사격(砂格)

龍樓寶殿 鳳閣 鳳輦 龍車

(水木之合은 出王者之穴이라.)

玉廉 鏡坮 粧坮 香坮

(土木之合은 出王妃之穴.)

玉帶 金帶 玉屛 金屛 繡帳

(水土之合은 出一品宰輔之砂라.)

사격(砂格)

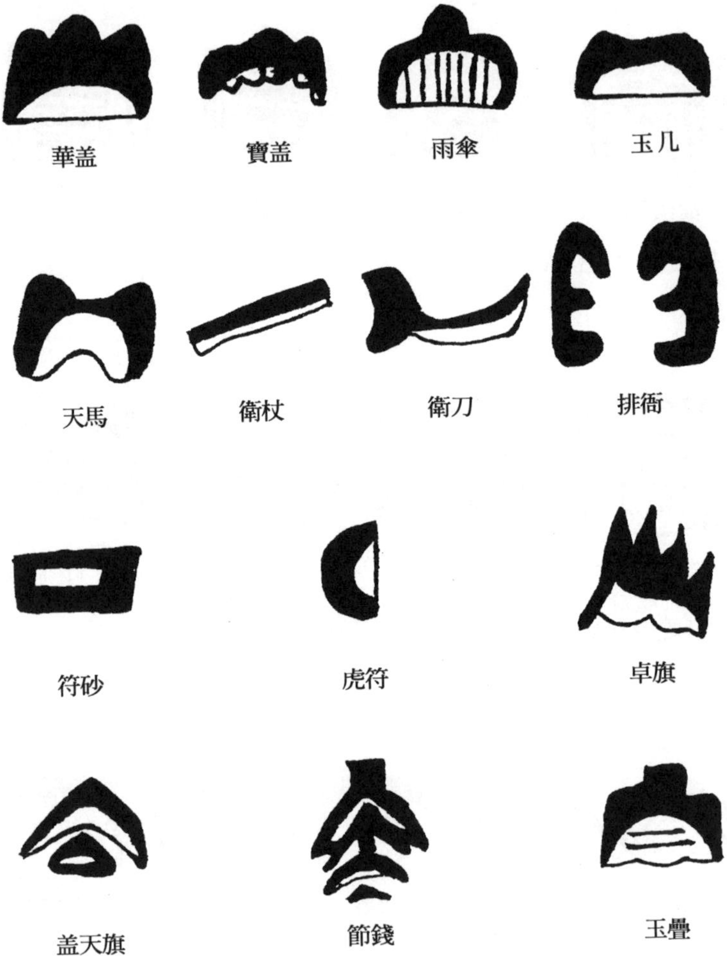
華盖
寶盖
雨傘
玉几
天馬
衛杖
衛刀
排衙
符砂
虎符
卓旗
盖天旗
節錢
玉疊

사격(砂格)

掛弓

玉箭

布候

金鷄

麒麟

凶砂類

刑杖砂

離鄕

死蛇

病文

(絶孫 · 流浪 · 病人이 난다.)

天獄

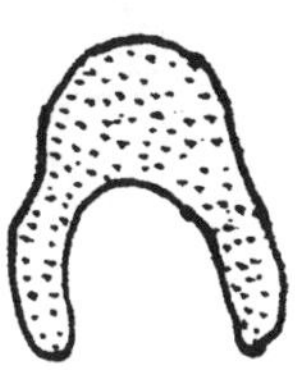

刺面

側面

探頭

(貧寒하고 犯罪者가 난다.)

사격(砂格)

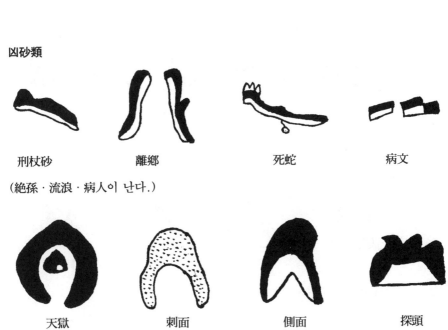

獻花

掀裙

亂衣

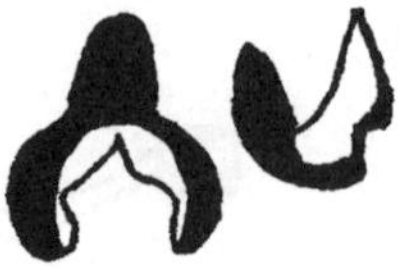

凹凸

(亡於淫)

浮屍

客棺

屍床

枷鎖

(流亡犯刑)

畵筆

天筆

和尙筆

詞訟筆

(或出僧, 或心忤逆之人, 詞訟之輩)

사격(砂格)

伏舟

紋釣

虎咬

落馬

(溺水自縊 落馬凶死之人)

尖鎗

殺刀

奉淚

拭淚

(或出殺人 · 凶死 · 靑孀)

斬頭

墮胎

眼損

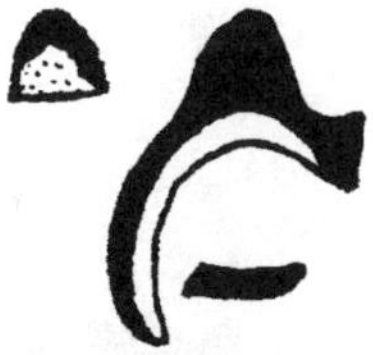

螟蛉

(出斬頭之人眼損養子)

사격(砂格)

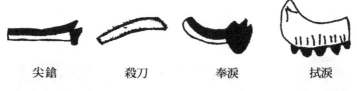

木杓

(出僧徒行乞之人)

鉢盂

香炉

法架

素帳

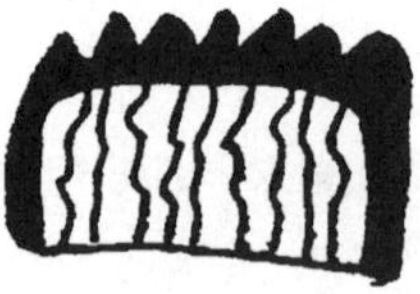

石屛

雲壇

(出法師 · 仙翁 · 方士)

禪壇

사격(砂格)

제5장
수법(水法)

제1절 총칙

용 · 혈 · 사 · 수가 지리학의 4과(四課)다. 이 중 수는 4과 중에 끝자리이니 용 · 혈 · 사보다는 비중이 작은 것이구나 하고 잘못 생각할 수도 있다. 그러나 천일생수(天一生水)라고 하여 수는 실로 만물의 조종(祖宗)이다.

풍수지리학에서도 간룡하는 데에는 수송(水送)이 아니면 용의 오고 가는 것이 분명치 않고 혈을 찾는 데에는 수계(水界)가 아니면 기의 행지(行止)가 분명치 않다.

그러므로 물은 용혈의 증거와 응험(應驗)으로 살펴보아야 하는 요건이다. 이것을 양균송은 "미간산선간수(未看山先看水)"라고 하였고, 요금정은 "선수간수세(先須看水勢)"라고 하였다.

수는 용의 피〔血〕이다. 고로 물이 모이면 용의 행도가 다하고 물이 있으면 용이 멈춘다. 물이 내달리면 생기가 흩어지고 여러 골의 물이 한 곳에 모이면 기가 단단히 뭉친다. 물이 깊은 곳에서 부호가 많이 나고 물이 얕은 곳에서는 빈천이 많다.

길흉의 큰 줄기는 다음과 같다.

① 발원(發源): 명당에 이르는 물의 근원처로서 발원처가 멀면 용의 기가 왕성한 것이고 발원이 짧으면 용의 기운도 짧다.

② 도국(到局): 내수(來水)가 명당에 이르면 도국이라 한다. 명당에 이른 물이 하수수관(下手收關)하면 입구(入口)라 한다. 도당입구만 되면 물의 대소에 관계없이 길한 것이고 또한 혈 앞에서 보이지 않은 대당수도 가한 것이다. 그런데 여기서 유의할 것은 순국거수지(順局去水地)에서는 양수(兩水)가 도당하여야 하나 물이 앞으로 곧게 빠져나가는 곳〔直出水〕이 아닌 곳에서는 일변도당(一邊到堂)이면 가하다.

③ 출구(出口): 도당수의 흘러가는 곳을 출구 또는 수구라고 하며 굴곡우회하여 물이 깊이 모이는 것이 좋다.

④ 조수(朝水): 혈 앞으로 곧장 오는 물〔特來〕로서 순룡(順龍)이 몸을 돌려 역수(逆水)의 혈을 만든 곳이다. 다가오는 물이 만곡(灣曲)·유양(悠揚)·심완(深緩)하면 지극히 아름다운 것이고 만약 직충(直沖)하거나 사급(射急)하거나 물소리가 요란하면〔有聲〕 오히려 흉이다.

⑤ 거수(去水): 혈 앞에서 물의 흘러가는 것이 보이는 것으로서 흉이다.

⑥ 취수(聚水): 혈 앞에 깊은 연못이 있어 오는 물과 빠져나가는 물이 혈에서 보이지 않는 것을 말한다. 조수(朝水)보다 더욱 길하다. 그러나 이 물이 더러워지면 오히려 흉이 된다.

제2절 물의 종류

① 해조수(海潮水): 바다는 여러 강물이 모이는 곳이니 수세가 취합하면 용세가 크게 멈춘다. 때문에 간룡은 바닷가에서 융결하는 수가 많으며 대지가 된다. 또한 해조는 백색을 길로 친다.

② 강수(江水): 여러 개울물이 모인 곳은 세가 호탕하니 만포굴곡(감싸고 구불구불한 모양)을 길로 친다.

③ 호수(湖水): 개울물이 모인 곳으로 수면이 평평하니 호수의 대소에 관계없이 길로 본다.

④ 계간수(溪澗水): 소간룡이나 소지룡은 계간 사이에서 혈을 맺는다. 굴곡하거나 안고 돌면 좋고 직충 · 태급 · 유성이면 흉이다.

⑤ 평전수(平田水): 평지에 있는 물로 유유히 완만하게 명당에 도달하면 길하다.

⑥ 천지수(天池水): 용신상(龍身上)에 있는 못으로 높은 산의 정상이나(예컨대 백두산 천지나 한라산 백록담), 혹은 과협단처, 혹은 평지 용신상의 호수 등을 말한다. 일명 천한수(天漢水) 또는 천횡수(天橫水)라 한다. 다른 하나는 과협상의 좌우에

두 못이 있고 맥이 두 못 사이 가운데로 나오면 좌시우위(左侍右衛)라고 하여 모두 귀한 기가 면면히 이어진다고 본다.

⑦ 송룡수(送龍水): 용이 시발하는 산의 두 골짜기에서 발원하여 용의 좌우에서 함께 흐르다가 용진처에서 두 물이 만나거나 또는 한쪽의 물이 명당에 이르는 물을 가리킨다. 역량 대소의 척도가 된다.

⑧ 합금수(合襟水): 혈전계맥(穴前界脈)의 상분하합(上分下合)을 말한다. 그 형상이 마치 저고리의 깃이 교합하는 것과 같다고 하여 이름을 얻었다.

합금수는 매우 중요한 것이므로 완전한 이해를 필요로 한다.

맥이라고 하는 것은 내려오면 분수를 이루고 그치려면 합수가 이뤄지는 법이므로 혈을 맺으려면 삼분삼합(三分三合)이 되어야 한다.

일분합은 혈장 자체 전후의 분합을 말한다.

이분합은 초절산으로부터 청룡 백호 사이의 분합을 말한다.

삼분합은 소조산으로부터 산수대회간(山水大會間)의 분합을 말한다.

다시 삼분삼합을 자세히 설명하면 일합은 소명당이 되고 이합은 내명당, 삼합은 외명당이 된다.

내계수(內界水)의 분합으로 기맥의 모임을 살펴서 정혈을 하고 외계수의 분합으로 국세의 취산을 살펴서 명당의 기를 평한다.

내계분합을 천취(天聚)라 하고 외계분합을 인취(人聚), 외명당수의 분합을 지취(地聚)라고 한다.

만약 상분하고 하합이 없으면 실경(失經)이라 하여 마치 여자의 붕루(崩漏)와 같은 현상이며 위에서 나누어짐이 없이 아래에서 합하면 맥이 온 것이 아니니 모두 혈을 맺는 것이 아니다.

특히 일분합에 대해 강조한다. 일분합은 혈장 안에 떨어진 빗물〔極暈水〕이 분산되지 않고 은은히 흘러서 묘 앞 부위(상석자리)로 모였다가 합금 사이(葬口라고 한다)로 흘러가는 것이다. 이것을 개자(个字), 삼차(三叉), 해안(蟹眼), 선익(蟬翼), 구첨(毬簷), 꽃받침 등등 여러 가지 표현을 쓰고 있으나 모두가 일분합을 가리키는 말이다. 혈의 진짜와 가짜를 가리는 핵심이 된다.

⑨ 극훈수(極暈水): 진짜 혈에는 필히 태극훈이 있어야 한다. 태극훈은 주위보다 조금 높은 곳(낮을 경우도 있기는 하다)을 말한다. 극훈수는 태극훈 주위의 낮은 곳에 흐르는 물을 말한다.(그러나 실제로 물이 있는 것은 아니다.)

⑩ 원진수(元辰水): 청룡 백호 안의 혈 앞 합금처에 있는 물. 내달리거나 곧장 가는 것을 꺼리며 바깥의 산이 전수횡란(轉首橫欄)하여야 좋다.

⑪ 천심수(天心水): 혈 앞 명당의 중정처(中正處)를 말한다. 이 천심처에 물이 모이면 수취천심(水聚天心)이라 하여 부귀의 혈이 되고 곧장 지나가면 수파천심(水破天心)이라 하여 가화(假花)라고 하는 설이 보통이다. 필자는 상분이 되지 않고서 계수가 혈심으로 흐르는 것이 수파천심(혈토 자리에 흐르는 물)이라고 본다.

⑫ 상수법(嘗水法): 물의 맛에 대해 말하는 것으로 무엇이라 글로 표현하기 어렵다. 혈장 주위의 물의 맛은 담청(淡淸)함을 길한 것으로 친다.

제3절 명당

명당이란 혈 앞에 물이 모이는 곳을 가리킨다. 마치 어전에 만조백관이 모여 있는 형상이라고 하여 명당이라 이름했다.

산세가 완만하여 평지에 혈을 맺고 용호가 감싸며 안산이 앞에 있으면 내명당을 주로 논한다. 산세가 급하고 높은 산에서 혈을 맺고 안산이 멀면 외명당을 주로 논한다. 내명당은 아늑한 것〔團聚〕을 좋아하고 외명당은 넓고 평평함을 요한다.

문제는 좁고 넓음이 적당하고 반듯하여 안에 있는 기가 융취하면 길격이다. 명당은 주로 초년의 화복을 관장한다.

명당은 생김새에 따라 180모양 혹은 81변격으로 논하기도 하나 이 책에서는 『인자수지』의 길흉 9격만을 논한다.

1. 명당 길격 9개

① 교쇄명당(交鎖明堂): 양변의 사(砂)가 교쇄하여 진기가 새지 않는 것.

② 주밀명당(周密明堂): 주위 사방에 빈 곳이나 잘록한 곳이

없이 공고하여 바람을 받지 않으니 생기가 스스로 모인다.

③ 요포명당(繞抱明堂): 명당의 기를 감싸고 물이 만곡하여 수성(水城)이 완전한 것.

④ 융취명당(融聚明堂): 물이 못을 이루어 냄비 바닥이나 주머니와 같은 것으로 수취천심(水聚天心)이라고 한다.

⑤ 평탄명당(平坦明堂): 평평하고 모나지 않으며 높낮이의 구별이 없는 명당.

⑥ 조진명당(朝進明堂): 앞에서 다가오는〔特朝〕 물이 혈장으로 드는 것인데 한 단계씩 낮아지면 더욱 길하다.

⑦ 대회명당(大會明堂): 뭇 산과 뭇 물이 단취(團聚)한 것을 말하며 명당 내에 백물(百物)이 구비하였다는 뜻이고 특히 산명수수(山明水秀)를 좋아한다.

⑧ 관창명당(寬暢明堂): 모든 용의 끝머리에 뭇 물이 모여드는 것을 말한다. 앞의 광취(廣聚:대회명당)는 다만 산과 물이 단취중첩할 따름인데, 이 관창은 여러 개의 용의 끝머리여야 가한 것이다.

관창명당은 협착하지 아니하되 낮은 곳에 있는 사(砂)가 서로 결부되거나, 낮은 곳에 있는 가까운 안산이 안의 기를 막아주거나 또는 물이 이골 저골에서 모여 와야 합격이고 공활(空闊)함을 꺼린다.

2. 명당 흉격 9개

① 반배명당(反背明堂): 반돌반배(反突反背)한 것.

② 질새명당(窒塞明堂): 명당 중에 돌무더기이나 흙무더기가 있어서 시원하지 못하고 답답한 것.

③ 경도명당(傾倒明堂): 물은 내달리고 산은 물 따라 곧장 나아가는 것.

④ 겁살명당(劫殺明堂): 명당 중에 뾰족한 산이 혹 물을 따라 가거나 혹은 혈을 향해 쏘듯이 달려드는 것.

⑤ 핍착명당(逼窄明堂): 안산이 가까이서 압박하고 명당 전체가 매우 협소한 것.

⑥ 편측명당(偏側明堂): 명당의 형세가 기울어져 한쪽은 높고 한쪽은 낮아 고르지 못한 것.

⑦ 파쇄명당(破碎明堂): 명당 중에 울퉁불퉁하거나 뾰족한 돌 등이 있어 깨끗하지 못한 것.

⑧ 광야명당(曠野明堂): 혈 앞이 끝이 없는 평야로서 넓고 호탕하여 전혀 관란이 없는 것.

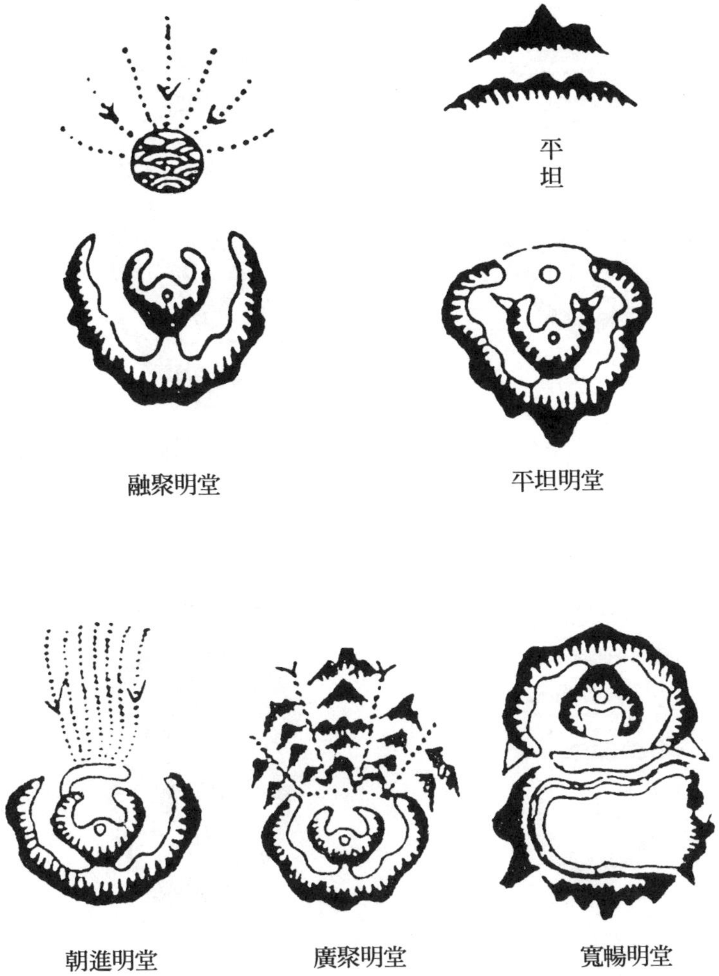

명당길흉도

交鎖明堂(一)

周密明堂

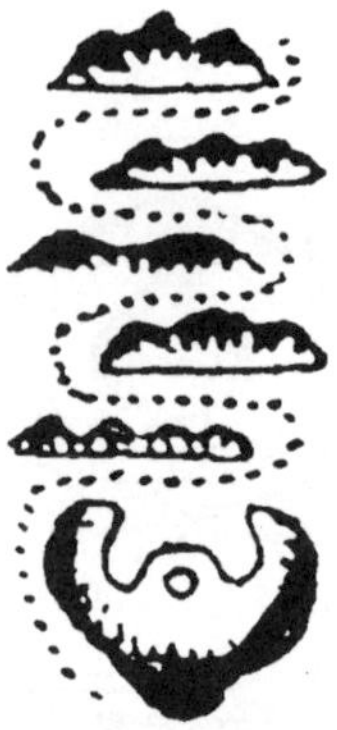

交鎖明堂(二)

繞堂明堂

명당길흉도

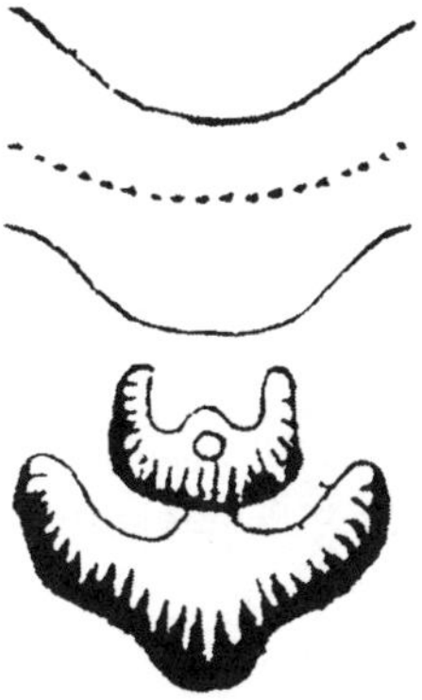

反背明堂

窒塞明堂

傾倒明堂

劫殺明堂

명당길흉도

제4절 수성(水城)

수성이라고 하는 것은 물로서 혈장의 성을 삼아 용의 기운이 흩어지지 않도록 한계를 짓는 것을 말한다. 물의 대소를 막론하고 포혈(抱穴)·만곡(灣曲)·유정하면 길한 것이고 한쪽으로 기울거나 등을 돌리거나 무정하면 흉한 것이다.

또한 수성은 만두와 상생상비(相生相比)함을 좋아하며 수극만두(水克巒頭)는 흉으로 본다.

제5절 형세의 길흉

혈 앞의 물은 형세가 같은 것이 없으며 따라서 길흉도 각각 다르다. 물을 보는 법〔收水法〕 중에서 가장 먼저 살펴야 할 요건이며 유형이 잡다하여 글로써 다할 수는 없다.

다음에 길수와 흉수의 종류를 약술한다.

1. 길격

① 조회수(朝懷水): 혈 앞으로 다가오는 물.

② 위신수(衛身水): 혈장의 주위가 전부 물로 감싼 것. 물이 불결하거나 고여 있지 않아야 좋다.

③ 취면수(聚面水): 여러 골에서 나오는 물이 혈 앞에서 모이

는 것. (富貴 주관.)

④ 공배수(拱背水): 물이 혈성의 배후를 감고 도는 것. 이른바 수전현무(水纏玄武)란 것이다. 발복이 오래 간다.

⑤ 구곡수(九曲水): 지자(之字) 또는 현자(玄字)처럼 굽이굽이 오는 물. 꼭 아홉 굽이를 말하는 것은 아니다. (대부호가 기약된다.)

⑥ 창판수(倉板水): 논밭의 물이 혈 앞에서 다가오는 것.(재물을 담당한다.)

⑦ 요대수(腰帶水): 금성수(金城水)로서 안고 돌아가는 것이 마치 허리띠와 같은 것. 귀인을 배출한다.

⑧ 암공수(暗拱水): 앞을 가로막는 산이 있어서 혈처에서는 물이 보이지 않고 산 밖에서 다가오거나 혹은 산 밖에서 혈을 안거나 혹은 모여드는 것.

2. 흉격

① 폭면수(瀑面水): 혈성은 낮고 작은데 물의 세력이 지나치게 웅장한 것.

② 충심수(衝心水): 급류가 곧바로 혈을 향해 쏟아지는 것.

③ 사협수(射脇水): 물이 양쪽 옆구리를 치고 들어오는 것. 앞에서 치는 물은 사(射)라 하고 옆으로 오는 것은 천(穿)이라 한다.

④ 이두수(裡頭水): 이두성수(裡頭城水)를 말하는 것으로 용

의 기운이 고한(孤寒)하여 남은 기가 없기 때문에 물에 씻겨 나가는 것. 병고와 가난이 따른다.

⑤ 견비수(牽鼻水): 원진수가 곧게 나아가 관란이 전혀 없는 것.

⑥ 교검수(交劍水): 혈 앞에 두 물이 서로 만나는 것이 칼끝 모양인 것. 용진맥궁처(龍盡脈窮處)가 된다. 대개는 양수교합(兩水交合)이라 하여 혈을 잘못 잡기 쉽다.

⑦권렴수(捲簾水): 저일층우저일층(低一層又低一層)으로 빠져나가는 것. 규방이 부정하다.

제6장
용혈총론

삼재(三才)의 이치는 하나라고 하여도 천문(天文)은 양동(陽動)하니 보기가 쉽고 인사(人事)는 혹 동하기도 하고 혹 정하기도 하니 또한 어렵지 않으나 지리(地理)라고 하는 것은 음정(陰靜)일 뿐 아니라 체용이 천변만화하여 모양새가 각각 다르므로 신중에 신중을 기하여야만 옳게 살필 수가 있다.

그러나 지리도 하나의 이치로 통섭하는 것이므로 진묘(眞妙)를 얻기만 하면 조화의 발자취에 합치할 수가 있다. 즉 풍수공부는 이(理)의 본원에 합치하여야만 진전이 있다는 말이다.

용은 음중취양하고 혈은 양중취음하나니, 용이 천변하여도 음양의 전변(轉變)에 불과하고 혈이 비록 수만 가지로 변하여도 기맥의 유무에 지나지 않는 것이다. 음양이 교구하고 기맥이 없는 듯이 있는 곳은 반드시 혈을 맺는다.

지혈의 크고 작음은 용에 있고 발복의 빠르고 늦음은 물에 있으며 기이한 화복은 사(砂)에 있는 것이다.

이제부터는 이 지리 4과를 하나로 묶어서 형세 · 결혈 · 형국 · 재혈(裁穴)로 구분 설명하고자 한다.

제1절 형세

산천의 기가 혈을 맺는 이치는 하나일 뿐이다. 그런데 음 · 양기는 청과 탁으로 나뉘고 오행의 기는 두루 펴져서 혹은 귀하기도 하고 혹은 천하기도 하다.

조종(祖宗)은 목 · 화성이 높이 솟아서 천호천각(天弧天角)의 체가 되고 행룡에는 수성으로 좌우로 지현굴곡하고 토성은 평평하므로 그 아래에서 소조산이 생긴다. 금성은 원만하여 살기가 없으므로 입수산이 되어서 판을 벌여 혈을 맺게 되는 것이다.

산봉우리의 모양새가 여러 가지로 다르나 실은 모두가 금성이 변환한 것이 대부분이고 간간이 토성도 있다.

가장 먼저 조종산을 보고 조종으로부터 흘러가는 용세를 살펴서 소조산을 찾고 그 아래에서 혈성을 찾으며 좌우의 감싸임〔纏護〕을 자세하게 살핀 다음에 안산을 점검하는 것이다.

조종산은 높고 큰 것이 좋고 내룡의 세는 웅장하여야 합법이다. 성봉은 수려하고 박환은 위와 아래가 상생되어야 좋으며 지각은 넓고 길게 퍼져나가고 좌우의 공협은 중첩되고 행도는 활달하고 조화를 이뤄야 한다.

과협은 조밀하고 혈장에는 기가 모일 수 있도록 잘 짜여야 한다.

사세는 화평하고 청룡과 백호는 다정하게 감싸고 안산은 새가 날아들 듯 개면하고 향혈하여야 합격이다.

조종과 용세는 멀리서 살펴보고 혈장은 가까운 곳에서 살핀다. 세는 좋고 형이 부족하면 병이 혈성에 있고 형은 좋은데 세가 부족하면 병이 용에 있는 것이다.

천태만상의 형세가 크게 모인 것이나 작게 맺은 것이나 모두가 소조산 아래 입수 두어 절에서 찾아야 하는 것이다. 수십 리를 기세 좋게 달려온 곳에 공후(公侯)의 터가 있겠지만 그러나 내룡의 군데군데에 조잡스러운 용이 섞인 곳에서도 장상기재(將相奇才)의 혈이 맺기도 한다.

내세가 활발하고 풍부하면 판도 아름답고 귀한 혈이 생기지만 천박하고 뻣뻣하면 기가 쇠잔하여 혈도 쇠잔하게 되는 법이다. 혹 산의 뿌리나 수구, 그리고 내룡에 첨신(貼身)으로 맺기도 하고 또는 가지의 기슭에 맺기도 한다. 용호가 없거나 뜬맥〔浮脈〕으로 생긴 혈이 어찌 발복이 크고 오래 가겠는가.

진용대지(眞龍大地)는 내세가 장원하고 은은하면서도 씩씩하고 나는 용인 듯, 노니는 봉황새인 듯, 파도가 겹겹으로 물결치듯 강인한 기상이 있어 양래음수하고 음래양수하여 삼태성(三台星)과 오행성(五行星)을 두루 갖추게 되는 것이다.

제2절 작혈법

혈의 규모가 작고 국이 좁으면 소지라고 하고 혈성이 크고 국이 넓으면 대지라고 하는 것은 잘못이다. 대지와 소지의 구별은 형을 말함이 아니라 세를 말하는 것이다.

작혈(作穴)하는 법이 천만 가지로 다르다고는 하나 와·겸·유·돌 사상(四象)의 이치에서 벗어남이 없다.

① 정맥으로 맺는 것(正脈結): 후룡이 층층으로 박환하고 절절이 지각이 번연하여 좌우로 구불거리고 자취를 감추면서〔閃脈藏踪〕 행도가 무상하다가 판을 벌릴 곳에 이르러서는 웅장한 산봉우리를 만들어서 그 중간으로 한줄기의 기맥이 꿈틀꿈틀하며 내려오다가 다시 두어 절을 맺은 뒤에 혈성이 생기는 것이다.

바로 받아서 써도〔撞背入穴〕 살기가 없어서 길하다.

② 옆맥으로 맺는 것(偏脈結): 입수처의 산봉우리가 우람하고 경사가 급하여 바로 혈을 맺지 못하고 다시 하나의 눈맥(嫩脈)이 살짝 옆으로 떨어지면서 소기소복(小起小伏)하고 희미하게 나가다가 반드시 역국(逆局)으로 혈이 생긴다. 이것이 지중간기(枝中幹氣)이다.

③ 숨어서 맺는 것(隱脈結): 대간룡이 지나가면서 생기가 겉으로 나와, 좌우로 굴곡하기도 하고 또는 끊어졌다 이어졌다 하면서 마치 초중행사(草中行蛇), 포사(抛梭)로 행도하다가 개국

처에서 역수로 혈성이 난다. 선궁격(仙宮格)이 많다.

또 하나의 유격은 주봉이 아주 험한 바위로 벽처럼 급하게 생겼으며 그 아래에 넓은 곳이 있을 경우에는 맨 아래쪽에서 맥흔(脈痕)과 훈을 찾아서 입혈한다. 본산에서 횡락한 한 가지가 혈 앞에서 하수사가 되는데 이런 곳에서는 첨척혈(貼脊穴)이나 또는 쌍용합기혈이 많다.

④ 잠겨서 맺는 것(漏脈結): 높은 조종이 곧바로 오다가 개국처에 이르러서 병(屛)이나 장(帳)으로 개장(開障)하여 놓고 낙맥처도 없고 내맥하는 지각도 없이 다만 횡으로 발신한 좌,우의 사가 멀리 벌판 밖에까지 나열하여 있을 뿐이다.

이것은 개국은 하였으나 현무가 수두(垂頭)할 즈음에 한줄기의 미미한 낙맥이 땅 속으로 잠행한 것인데 다시 약간 볼록하면 산주(散珠) · 산화(散花) · 잠구(潛龜)의 혈을 맺게 된다.

⑤ 물에 의지하여 맺는 것(沈水結): 산과 물이 병행하다가 간중(幹中)에서 한줄기의 눈맥(嫩脈)이 옆으로 빠져나와서 물가에 이르러 역관(逆關)하여 국이 된 것. 대부분이 집터(陽基)가 되니 이런 경우가 수전편시산전(水纏便是山纏)이다.

⑥ 높은 산에 맺는 것(高山結): 간룡의 왕성한 기가 산발(散發)하여 산머리나 산허리에 토작(吐作)하여 된 것. 당처가 높아도 평탄하고 주위의 산들이 바람을 막아주며 혈 아래에 살이 되는 뾰족한 사〔尖砂〕가 보이지 아니하면 명당과 물은 논하지 않는다.

⑦ 들판에 맺는 것(平洋結): 한줄기의 가는 맥이 숨었다가 보였다가〔隱顯〕하면서 좌우로 꿈틀거리는 것. 수법(水法)에 따라

서 혈을 맺는다. 평지의 관란은 물이다.

⑧ 변사변생결(邊死邊生結): 작혈할 즈음에 후한 쪽과 박한 쪽으로 양분되었거든 후처(厚處)는 양기요, 박처(薄處)는 죽은 음기이니 후처 1/3과 박처 2/3의 교계선이 정기(正氣)다.

⑨ 짧게 맺는 것(短縮結): 내맥이 아무리 길어도 작혈처에 이르러서 대통〔竹筒〕을 잘라놓은 것과 같거나 또는 사람이 두 발을 개고 앉은 것처럼 남은 기가 없으면 대를 이어갈 자식을 두지 못하는 것이 보통이다. 혹 가까운 사(砂)가 혈장을 긴밀하게 감싸안고, 좌하(坐下)에 합기(合氣)의 훈이 있으며 국세가 기를 새어나가지 못하도록 한다면 이것이 절처봉생(絶處逢生: 죽었다가 다시 살아나는 것)의 혈이니 자손을 보존할 수 있다.

⑩ 쌍조하여 맺는 것(雙照結): 혈의 좌우에 각각 산봉우리가 있고 높낮이와 크기 그리고 거리가 비슷비슷하면, 좌우 두 봉의 연결선상에 혈이 생긴다. 만약에 두 봉이 있어도 비슷하지 못하거나 또는 하나의 봉우리만 있으면 반드시 수구에 산봉우리가 있어서 역국을 형성해야만 혈이 생긴다.

⑪ 가까운 훈으로 맺는 것(印木結): 용맥이 어느 정도 길게 꿈틀거리면서 내려왔는데 돌(突)도 없고 와(窩)도 없이 기세가 쇠잔하였으면, 좌우에 아미(蛾眉)나 선익(蟬翼) 같은 모양의 미망사(微茫砂)가 본신의 우익(羽翼)이 되거나 또는 후절(後節)에서 대, 소팔자를 이루면 혈이 생긴다.

이때에 혈장 좌우에서 흐르는 물이 혈 앞에서 합한 것을 상수(相水)라 한다. 산허리에서 맺는 혈에 이런 형태의 것이 많다.

⑫ 물이 없이 맺는 것(無水結): 산 중에 국을 만들면 비록 물

이 없다 하더라도 좌 · 우의 사(砂)가 혈 앞을 긴밀하게 안아서 명당의 기가 새어나가지 못하게 하면 혈이 된다. 또한 평야의 산은 대개 역수로 맺는 것이므로 혈을 안고 돌아가는 물이 없어도 혈이 맺는다.

⑬ 넓은 평지에서 맺는 것(平廣結): 천지조화의 흔적은 비밀로 하는 것이 근본정신이므로 대귀(大貴)의 혈은 결혈할 곳이 천륜영(天輪影)이나 또는 태극훈으로 미미한 형적이 있을 뿐 아주 추졸(醜拙)하여 꿈틀거린 중에 약간 오목하거나 약간 볼록하여 겨우 관 하나 용납할 정도로 맺게 된다. 천리행룡에 혈재일석지간(穴在一席之間)이다. 만약에 평장(平長)하거나 광활할 뿐 태극훈이 없다면 이는 기완처(氣緩處)이다.

⑭ 산꼭대기에 맺는 것(朝天結): 선녀봉촉(仙女奉燭)이나 천마번제형(天馬飜蹄形)으로 간룡이 지나가는 도중에 별도로 산 위에 판을 짠 경우를 말한다. 전후좌우의 산들이 치밀하게 감싸주어서 바람을 막아주어야 혈이 되며 속발하기는 하나 오래 가지를 못하고 절손의 우려가 있으니 경솔하게 취할 바가 아니다.

⑮ 용허리에 맺는 것(騎龍穴): 산이 다한 곳에서 앞으로 나간 한 마디의 산봉우리가 날개를 편 새와 같은 모양〔去八〕이고, 혈 뒤의 좌우 각이 우각(牛角)과 같은 모양새로서 혈장을 감쌀〔來八〕 경우, 앞과 뒤의 거리가 멀지 아니하여야만 혈을 맺는다.

⑯ 되돌아서 맺는 것(廻龍結): 이 혈에는 배조(拜祖)와 고조(顧祖)의 두 종류가 있으나 크게 다르지 않다.

배조형은 본산으로부터 낙맥한 후에 산봉우리가 없이 다만 마디〔節苞〕가 약간 울룩불룩하고 좌 · 우 지각이 호송하다가 산진처에서 갑자기 산봉우리가 우뚝하여 역세로 판을 짠 것을 말한다.

고조형은 배조와 비슷하나 다만 용이 행도할 때에 지각의 호송이 없이 파자(巴字) 모양으로 돌아서〔逡巡〕 결혈처에 이르고 본조산이나 중조산을 향하여 혈이 생긴다.

⑰ 조산을 빌어서 맺는 것(借朝結): 정락(正落)하여 가까운 안산이 벽립(壁立)하였거나 능압하면 일발즉지(一發卽止)하는 법이다. 좌향을 옮겨서 아름다운 조산(朝山)으로 안산을 삼게 된 혈이다.

⑱ 거꾸로 흘러서 맺은 것(逹上結): 용의 기가 위로부터 아래로 흐르는 것〔逹下〕이 원칙이나 경우에 따라서는 아래로부터 거꾸로 위로 흘러서 혈을 맺는 경우가 있다.

뒤에 큰 산이 없이 자그마한 소조산이 있고 지현굴곡하여 혈을 만든 연후에 앞으로 간 남은 기가 우뚝한 산이 되어서 많은 지각이 생겨 본신을 역으로 감싸면 그 용의 힘이 아래로부터 위로 흘러온〔上逹〕 경우이다. 그러므로 간산할 때, 내룡만이 아니라 남은 기의 고저장단도 주의깊게 살펴야 한다.

제3절 형국

1. 일반적 형국론

이 절의 형국은 혈장을 중심으로 주위의 여러 사(砂)를 복합하여 일개 유형으로 판단하는 법을 말한다. 예를 들면 용혈은 비용류(飛龍類)이고 안산은 원구(圓球)이며 나성이 구름이면 이름하여 비룡농주형(飛龍弄珠形)이라고 한다.

형국은 역량의 대소와는 관계가 없다. 즉 호랑이 형국이 고양이 형국보다 필히 상등인 것만은 아니다. 따라서 혈을 찾는데 있어서 용 · 맥 · 기가 본원인 것이고 무슨 형국에는 어느 부위가 혈자리이며 안산은 무엇이다 하는 식의 관념은 자칫하면 풍수의 본원을 버리고 말단에만 집착하는 어리석음을 범하게 되기 쉽다. 각별히 유념하기 바란다.

그러나 형국판별의 눈이 밝으면 혈을 찾는 데 많은 도움이 되는 것도 사실이다. 또한 귀룡의 대지대혈은 어느 경우에나 형국이 분명한 반면에 소지소혈에서는 형국이 분명하지 않은 것이 필자의 경험이다. 바꿔 말하자면 형국이 완전하면 혈을 맺는 것이 적실하다고 하겠다.

초학자는 성급하게 생각하지 말고 처음에는 용 · 혈 · 사 · 수의 단편적인 심찰에 노력하여 참과 거짓을 판단하면 되는 것이고 차츰 연륜이 쌓이면 형국을 판정할 수 있게 된다. 절대로 조급하게 굴면 안 되고 서둘러서는 일을 그르친다.

형국을 판별하는 주요 착안점은 용세(龍勢)와 겸구(鉗口)와 혈성이 된다.

첫째 용세가 날아가는 형세이고 굴곡과 기복이 있고 구름이 따르면 용유형(龍遊形)이 많다.

둘째 봉황이 춤을 추는 모양이면 날개를 펴고 꼬리는 길다. 상서러운 구름이 스스로 일어난다. 이는 봉황 · 금구(金龜) · 선아형(仙娥形)이 많다.

셋째 호랑이가 앉아 있는 모습〔虎踞之勢〕은 다리가 약동하고 꼬리가 흔들리는 형세다. 앞은 고개를 들고 뒤는 구부리는 모습이다. 이런 판에는 사자 · 호랑이 · 장군 · 마형(馬形)이 많다.

넷째 천마지세(天馬之勢)는 뛰는 말이 나아가 앞에 물을 만나 마시고자 하거나 위로 올라가고자 하는 형세다. 천마 · 낙타 · 안장 · 장군 · 선인(仙人)형이 맺는다.

다섯째 평강룡은 높낮이가 뚜렷하지 않은 것으로 개구리 · 기물 · 구름 · 별 · 무지개 등의 형이다.

여섯째 고수지세(孤秀之勢)는 당(幢) · 기 · 북 · 칼 · 창 등의 형이다.

겸구와 혈성에 대하여서는 혈성의 장에서 설명하였다.

2. 형국 판별의 실제

형국을 알면 안(案)을 알게 되고 안을 알면 격(格)을 알게 된다. 격을 알게 되면 운(運)을 추산할 줄 알게 된다.

금성에는 날짐승의 형이 많고 목·화성 아래에는 사람의 형이 많다. 수성에서는 용사(龍蛇)의 형이 많고 토성 아래에서는 짐승의 형이 많다.

그런데 물형(物形)은 단편적으로 이루어지는 것이 아니고 전체적인 꾸밈새를 보아야 한다. 예를 들면 다음과 같다.

앞에 둔군(屯軍)·만마(萬馬)·기고(旗鼓) 사가 벌여 있으면 장군 형국일 것이다.

금(琴)·고(鼓)·적(笛)이 있으면 선인무수(仙人舞袖)형이다.

비녀·분통·보경(寶鏡)이 있다면 옥녀형이다.

죽순·오동을 나열했으면 비봉귀소(飛鳳歸巢)형이다.

화표(華表)가 드높으면 백학귀소(白鶴歸巢)형이다.

치화체(雉禾體)가 벌려 있으면 나는 새〔飛鳥〕형이다.

유어체(游魚體)가 있으면 백로형국이다.

지네(蜈蚣)체가 있으면 금계(金鷄)형이다.

험준하면 봉황이나 건장하면 황새가 된다.

퇴육사(堆肉砂)가 앞에 있으면 맹호형이다.

안장사(鞍裝砂)가 좌우에 있으면 마형이다.

달이 앞에 있으면 옥토나 망월형이다.

창고사와 규봉이 앞에 있으면 잠자는 개〔眠狗〕형이다.

그물이 앞에 있으면 노루〔走獐逢網〕형이다.
쥐 모양이 앞에 있으면 고양이가 쥐를 놀리는〔靈猫弄鼠〕 형이다.

산 위에 오르는 소〔上山牛〕는 혈이 뒷발에 있다.
내려오는 소〔下田牛〕는 혈이 앞 무릎에 있다.
강을 건너는 소〔渡江牛〕는 혈이 코 사이에 있다.

거두노풍(擧頭露風)되었으면 천마시풍(天馬嘶風)형이요,
전저후고(前低後高)하였으면 갈마음수(渴馬飮水)형이고,
전고후저(前高後低)하였으면 천마입란(天馬入欄)형이다.

혈재이간(穴在耳間)하였으니 출초사(出草蛇)형인데
혈재두상(穴在頭上)하였으면 생사축와(生蛇逐蛙)형이다.

혈재족간(穴在足間)하였으니 비금탁목(飛禽啄木)이요,
지두현렴(枝頭懸簾)하였으면 꾀꼬리가 분명하고
부벽횡량(付壁橫樑)하였으니 제비집〔燕巢〕형이다.

목성 아래에 연화장(蓮花帳) 벌였으니 연화출수(蓮花出水)형이요,
제좌장(帝坐帳) 벌였으면 상제봉조(上帝奉朝)형이다.

창천수장(漲天水帳) 벌였으면 상천하는 비룡이요,

어병장 (御屛帳) 벌였으니 미인단좌(美人端坐)형이다.

수토장(水土帳) 벌여놓으면 하산하는 거북이요,
수성장(水星帳) 벌였으면 상탄(上灘)하는 유어(游魚)로다.

운수장(雲水帳) 벌였으니 구름 속에 반월이요,
옥책장(玉冊帳)을 벌여놓았으면 독서하는 선인(仙人)이다.
화성장(火星帳) 벌였으면 불국(佛局)이 틀림없고
은하장(銀河帳) 둘렀으면 진주투지(眞珠投地) 형국이요,
포탕장(布蕩帳) 아래는 그물치는 어옹(漁翁)이다.

비봉귀소형(飛鳳歸巢形)

비조귀림형(飛鳥歸林形)

비학등공형(飛鶴登空形)

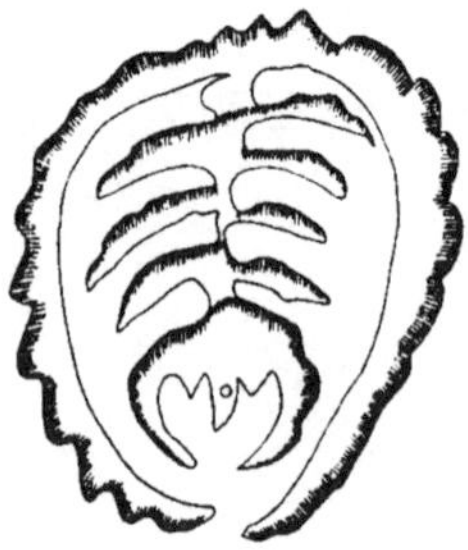

가학조천형(駕鶴朝天形)

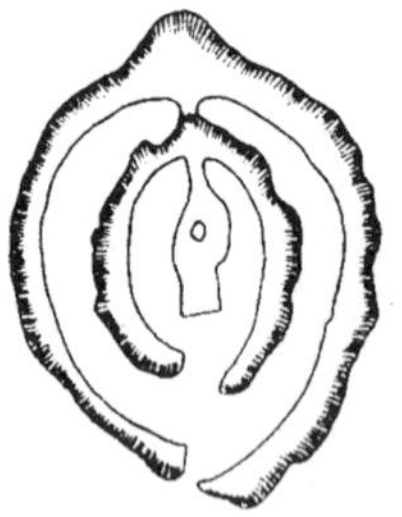

청학포란형 (青鶴抱卵形)

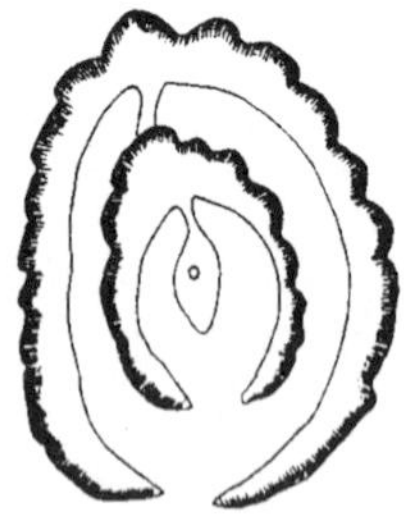

비조포란형(飛鳥抱卵形)

형국

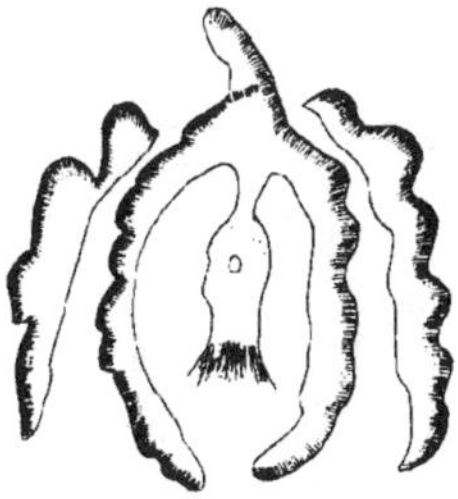

비조하림형(飛鳥下林形)

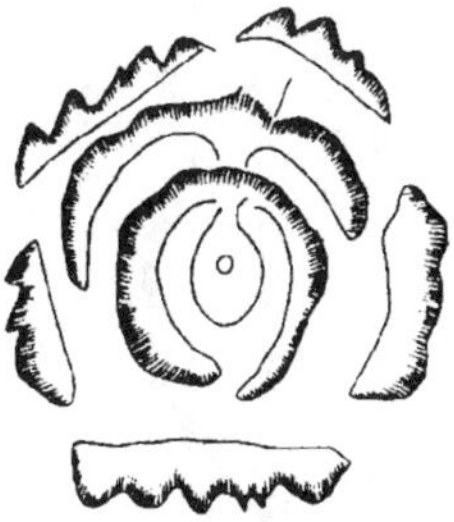

작소형(鵲巢形)

연소형(燕巢形)

유지앵소형(柳枝鶯巢形)

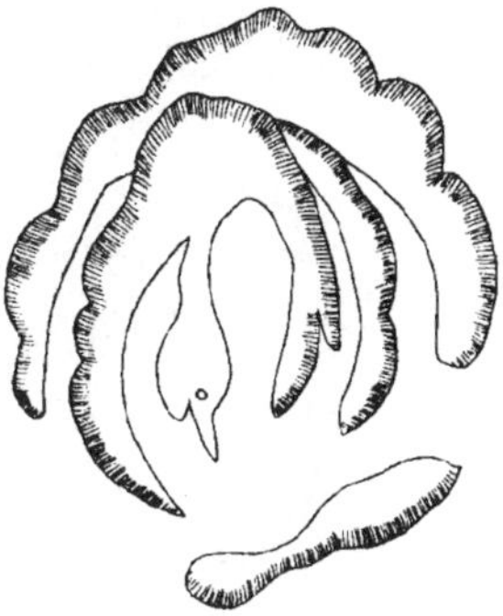

비아탁시형(飛鴉啄屍形)

평사낙안형(平砂落雁形)

형국

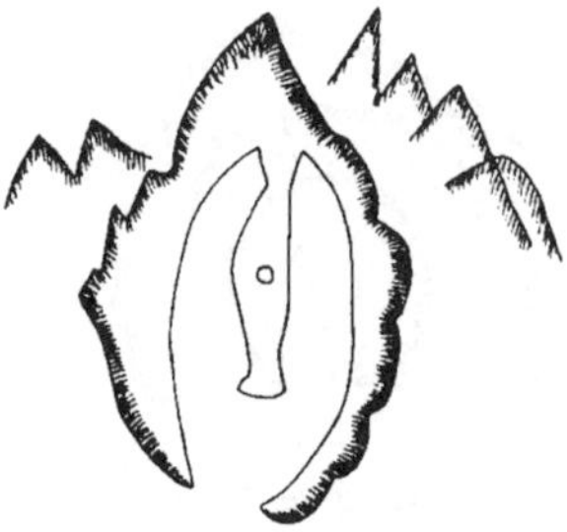

복치형(伏雉形)

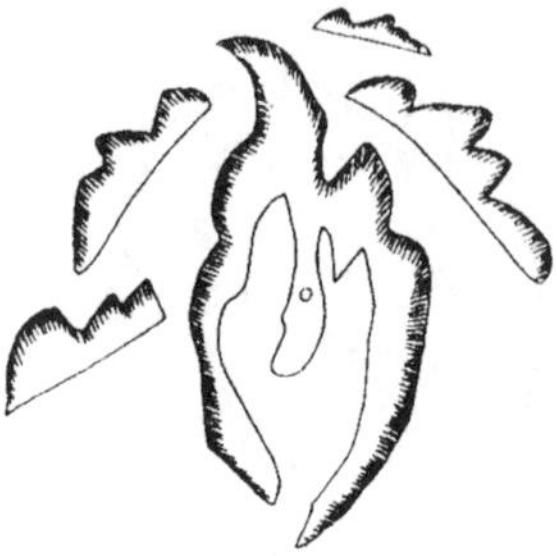

선인방학형(仙人放鶴形)

한아북비형(寒鴉北飛形)

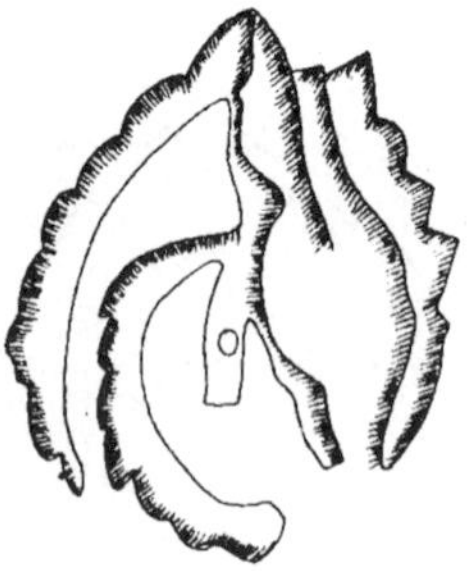

사치괘벽형(死雉掛壁形)

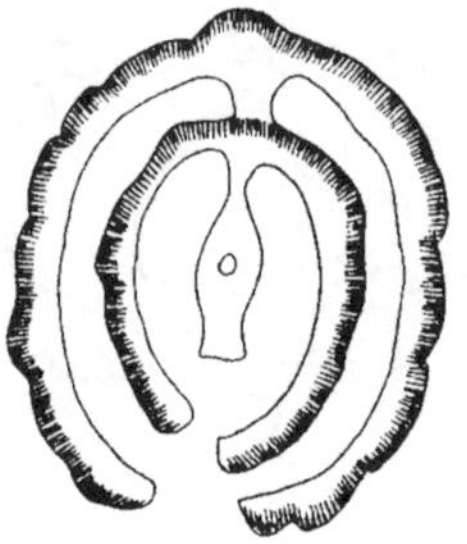

금계포란형(金鷄抱卵形)

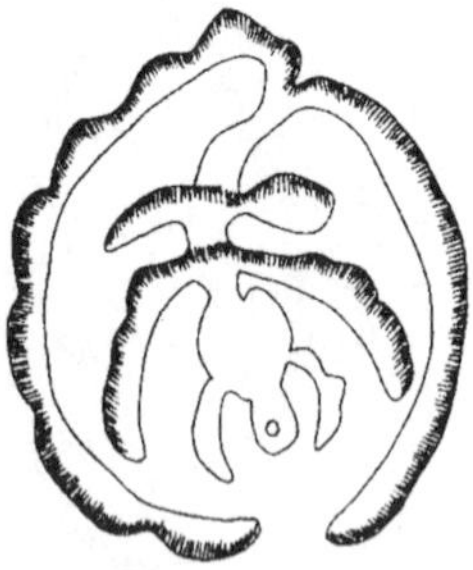

지주설방형 (蜘蛛設網形)

형국

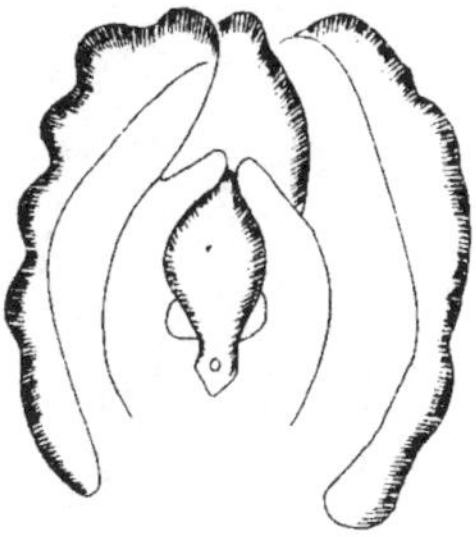

금구몰니형(金鷗沒泥形)

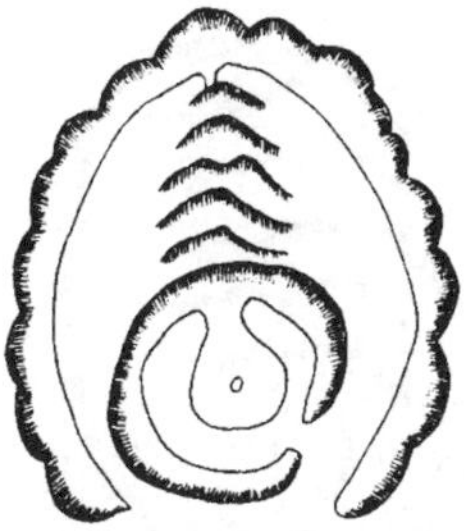

영라하수형(蠑螺下水形)

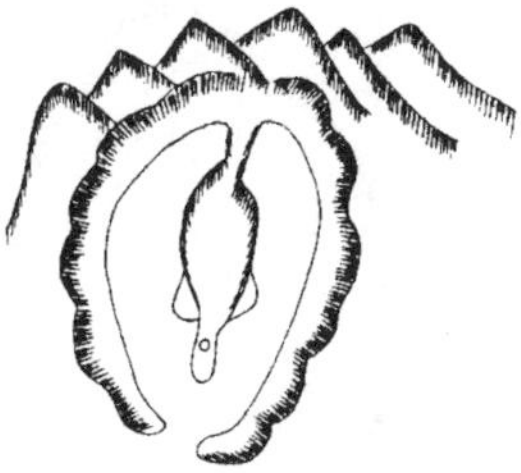

금오하산형(金鰲下山形)

노구예미입수형(老龜曳尾入水形)

금오포란형(金鰲抱卵形)

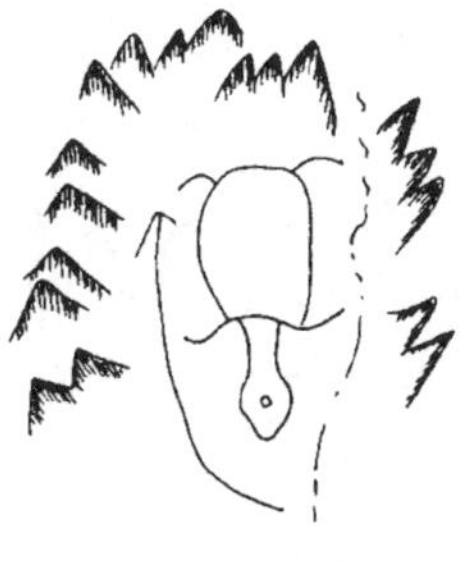

금구출복형(金龜出伏形)

형국

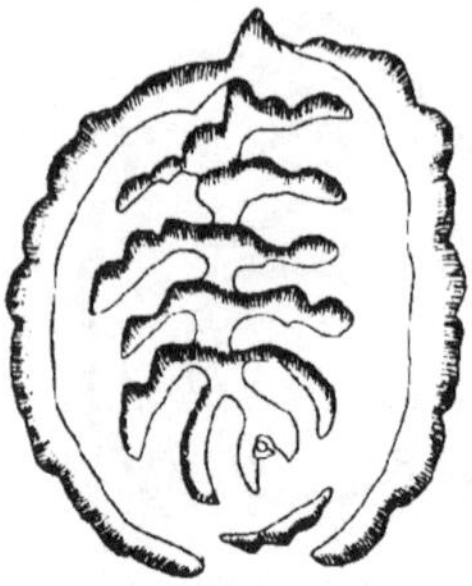

비룡치운형 · 상천형
(飛龍致雲形 · 上天形)

갈룡귀수형(渴龍歸水形)

노룡청수형(老龍聽水形)

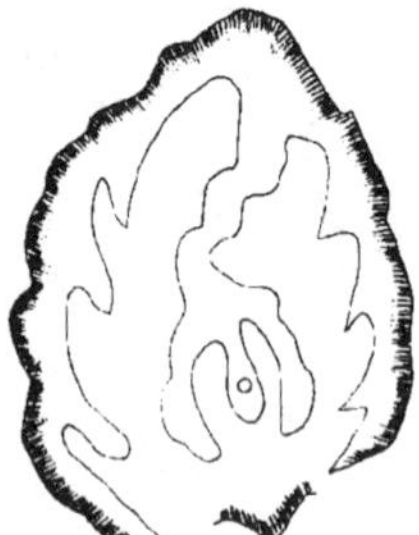

이룡농주형(夷龍弄珠形)

비룡망해형(飛龍望海形)

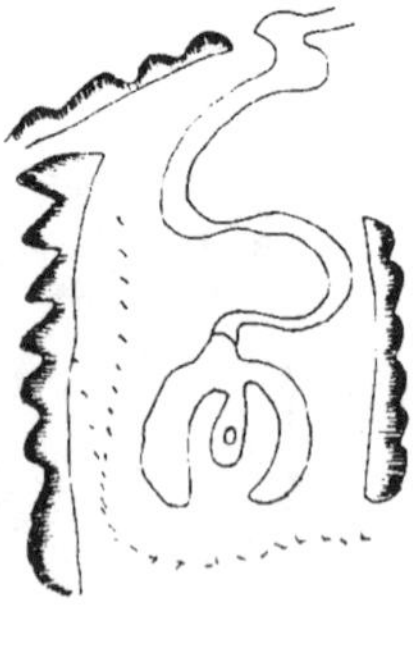

황룡도강형(黃龍渡江形)

형국

장사축와형(長蛇逐蛙形)

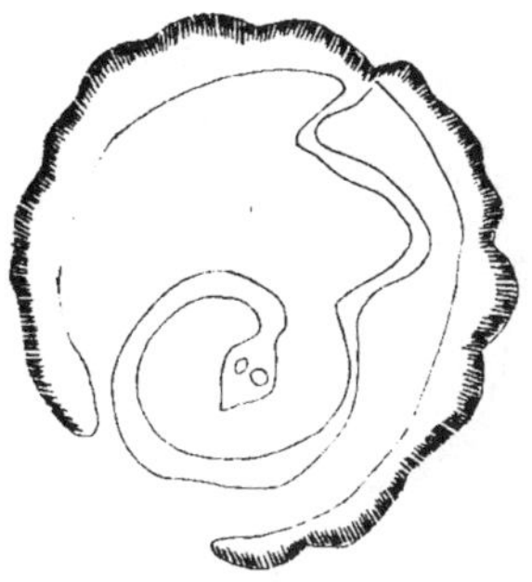

기사태와형(飢蛇苔蛙形)

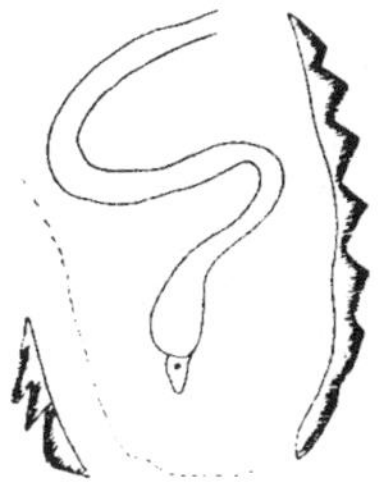

초사청와형(草蛇聽蛙形=以舌聽蛙)

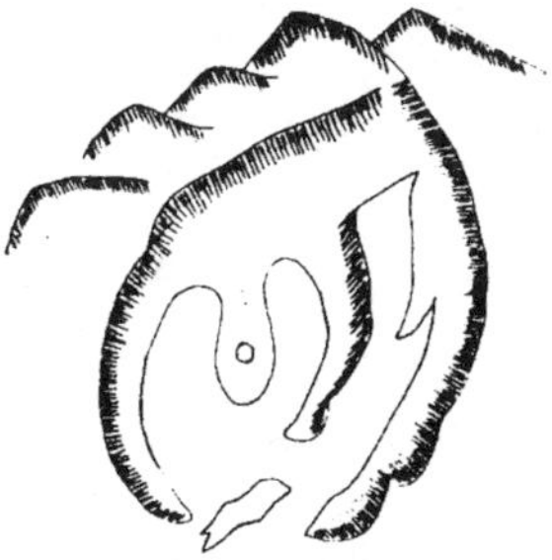

맹묘농서형(猛猫弄鼠形)

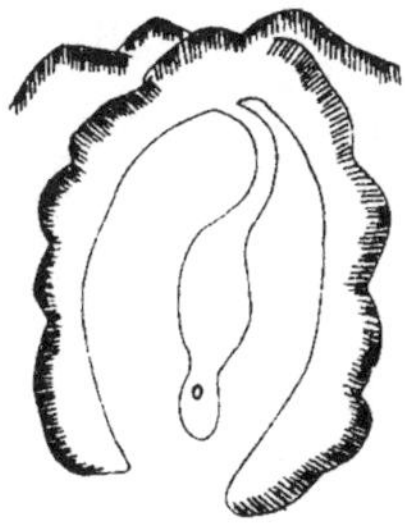

노서하전형(老鼠下田形)

노묘수면형(老猫睡眠形)

형국

해복형(蟹伏形)

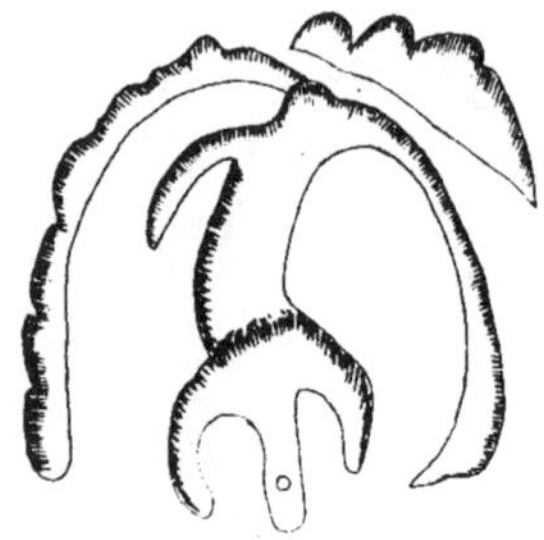

복구형(伏狗形)

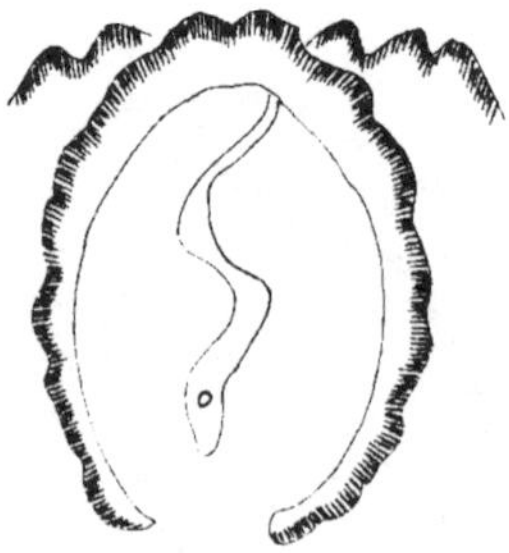

유어농파형(游魚弄波形)

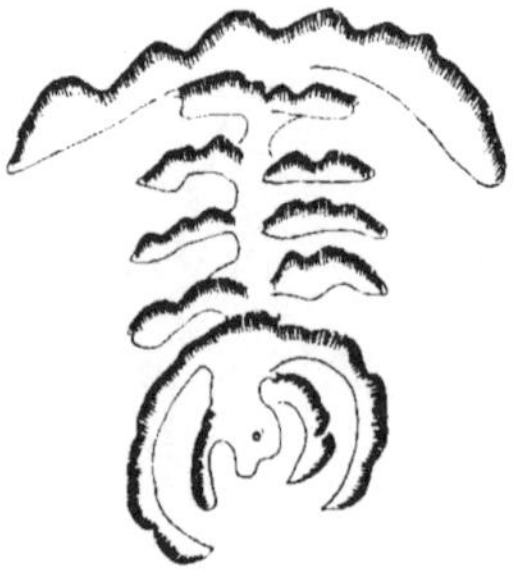

비천오공형(飛天蜈蚣形)

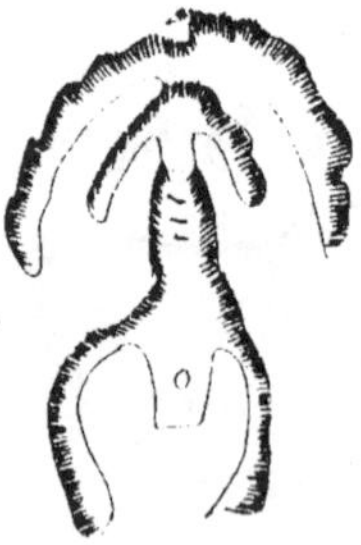

갈오입수형(渴鼇入水形)

봉방형(蜂房形)

형국

구구동식형(九狗同食形)

운중반월형(雲中半月形)

이지명선형(李枝鳴蟬形)

비아접벽형(飛蛾接壁形)

황방폐월형(黃尨吠月形)

오선위기형(五仙圍棋形)

형국

옥녀직금형(玉女織錦形)

옥녀봉반형(玉女奉盤形)

금반하엽형(金盤荷葉形)

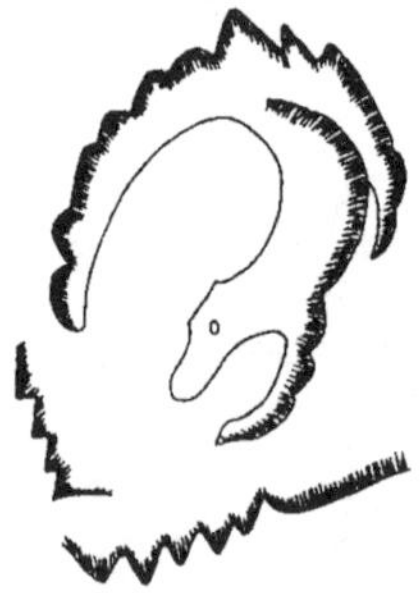

약마부적형(躍馬赴敵形)

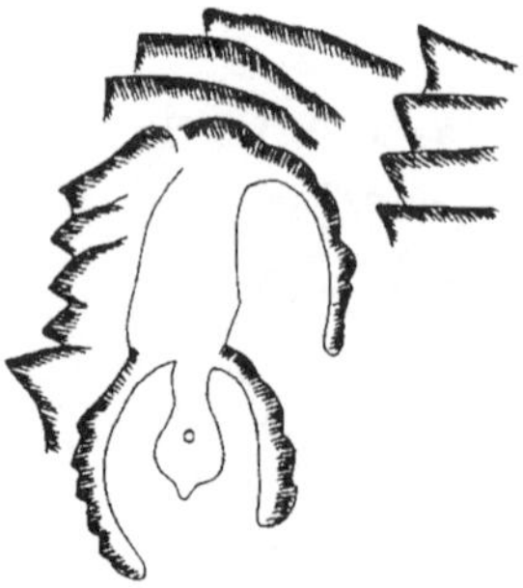

맹호출림형(猛虎出林形)

산상와호형(山上臥虎形)

형국

갈마음수형(渴馬飮水形)

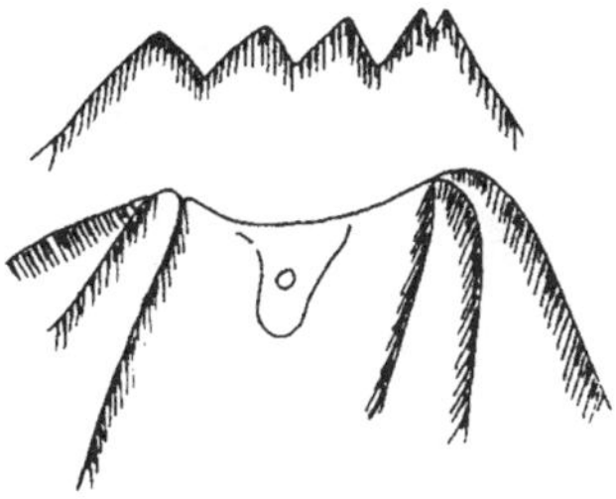

주마탈안형(走馬脫鞍形)

산양피우형(山羊避雨形)

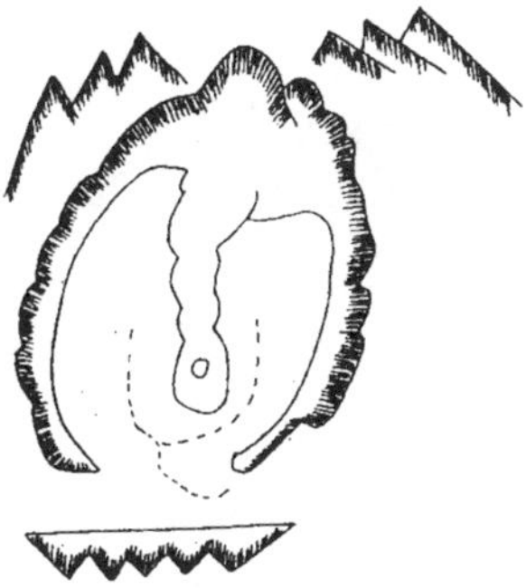

상비음수형(象鼻飮水形)

옥토망월형(玉兎望月形)

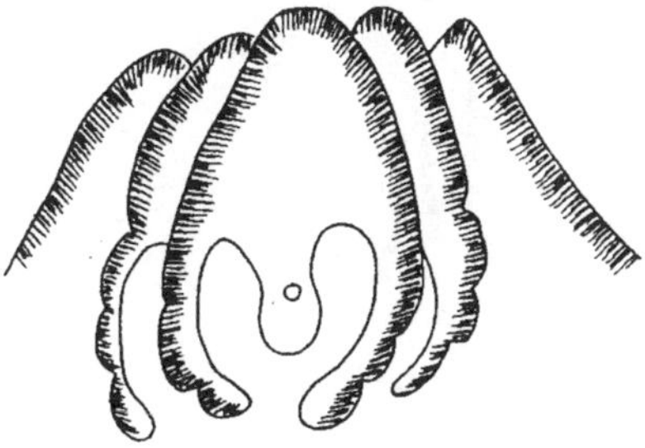

옥녀단장형(玉女丹粧形)

형국

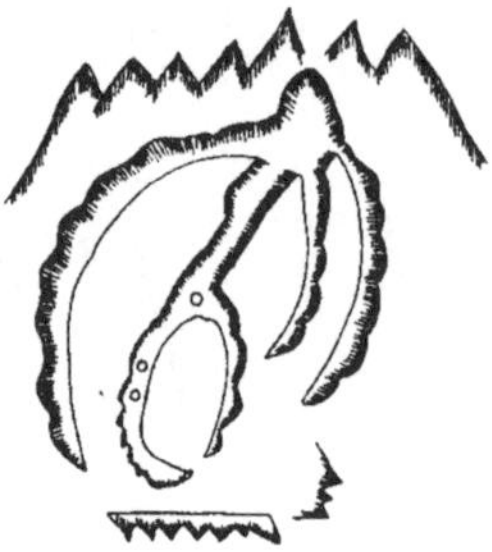

옥녀측와형(玉女側臥形)

금채낙지형(金釵落地形)

천녀등공형(天女登空形)

옥녀합개형(玉女蛤開形)

옥녀창가형(玉女唱歌形)

옥녀산발형(玉女散髮形)

형국

천마등공형(天馬謄空形)

상운봉일형(祥雲奉日形)

구성낙지형(九星落地形)

작약미발형(芍藥未發形)

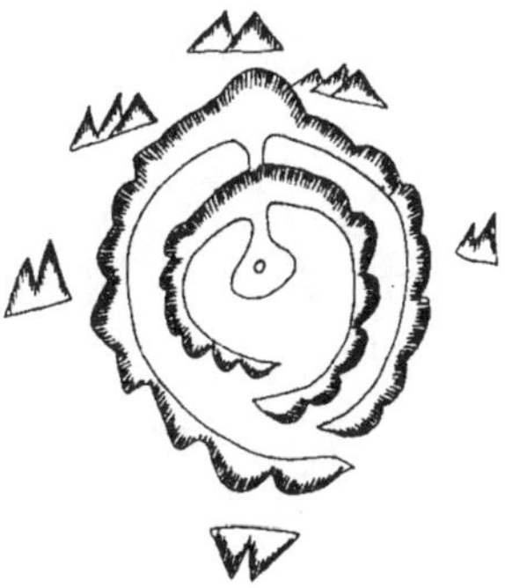

모란반개형(牧丹半開形)

연화도수형(蓮花倒水形)

형국

금불단좌형(金佛端坐形)

선인망월형(仙人望月形)

호승예불형(胡僧禮佛形)

장군출진형(將軍出陣形)

장군대좌형(將軍大坐形)

장군검무형(將軍劍舞形)

형국

풍취나대형(風吹羅帶形)

옥병저수형(玉甁貯水形)

마화위룡형(馬化爲龍形)

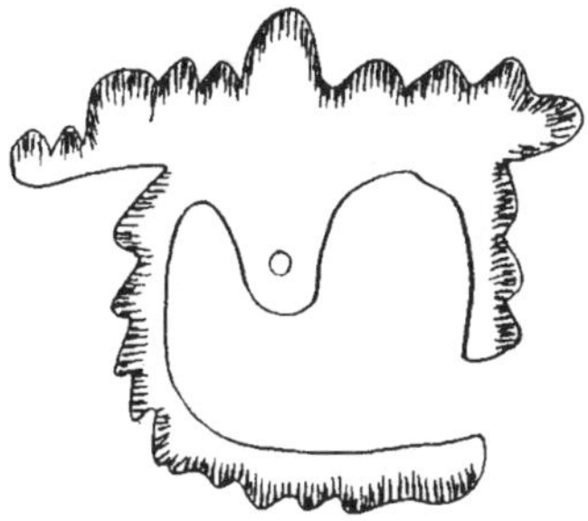

야자형(也字形)

용마부도형(龍馬負圖形)

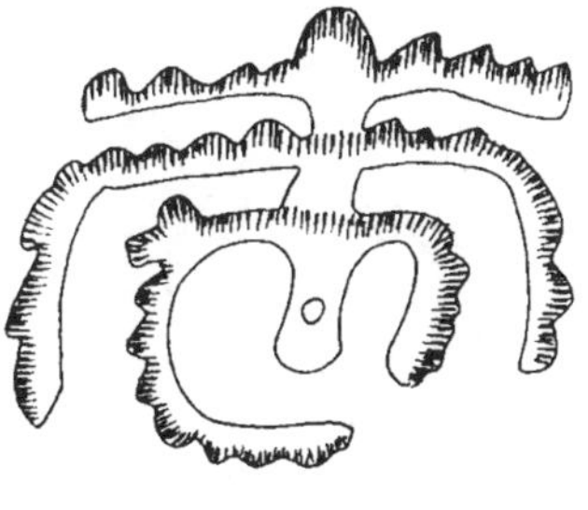

지자형(地字形)

형국

갈엽부수형(葛葉浮水形)

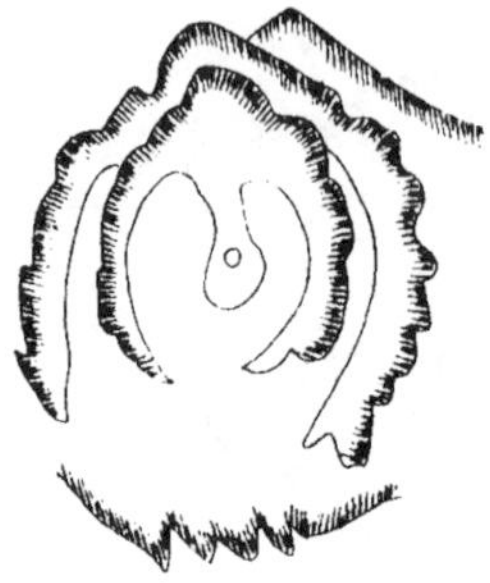

선인무수형(仙人舞袖形)

선인취회형(仙人聚會形)

어옹수조형(漁翁水釣形)

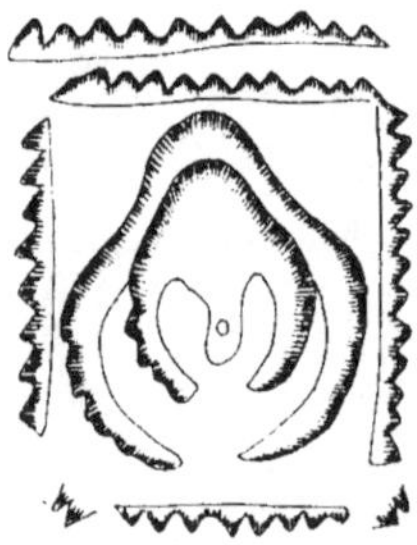

상제봉조형(上帝奉朝形)

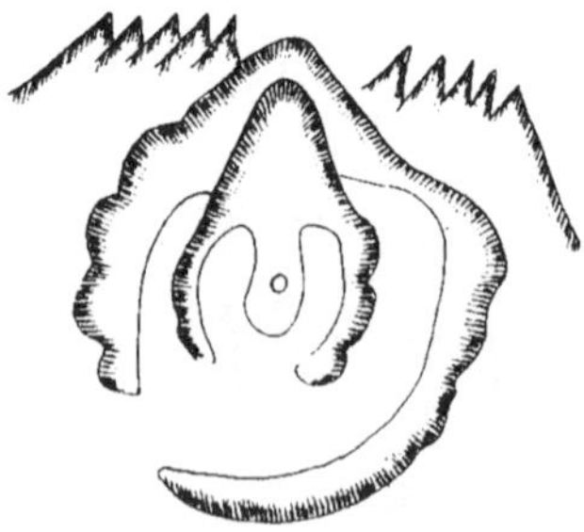

선인독서형(仙人讀書形)

형국

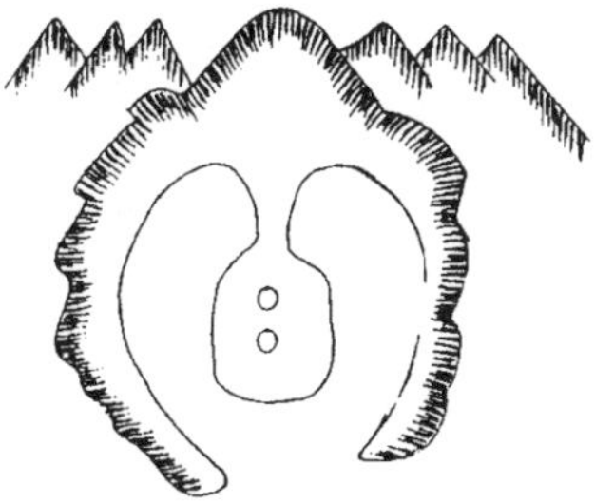

천제옥인형(天帝玉印形)

선인취적형(仙人吹笛形)

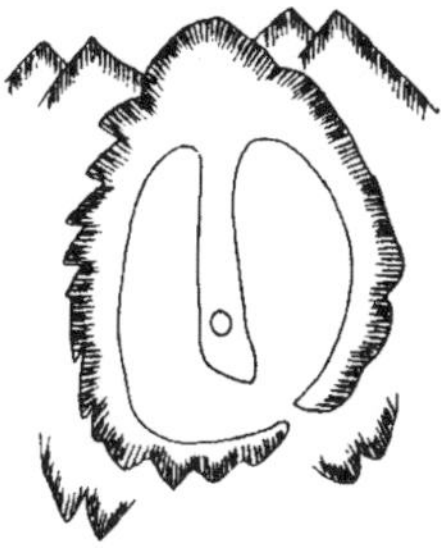

보검출갑형(寶劍出匣形)

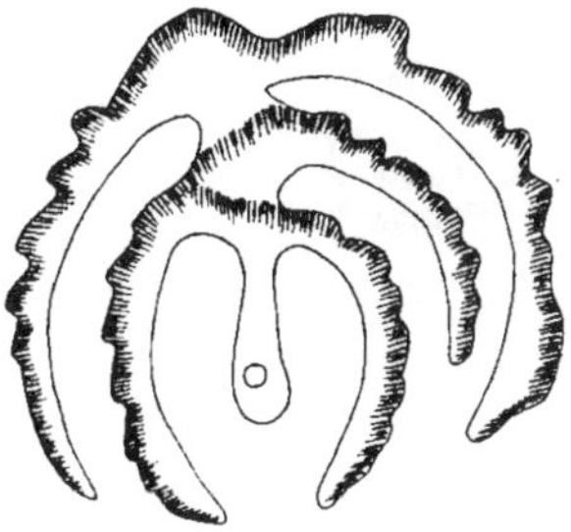

천자형(天字形)

형국

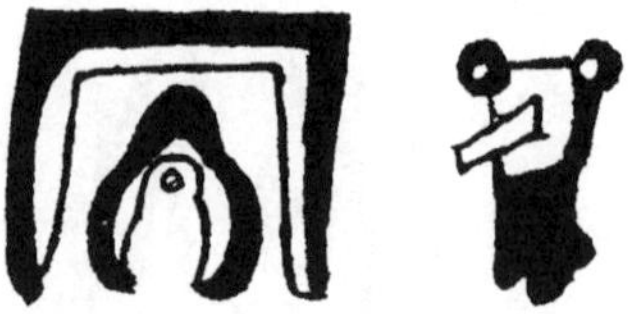

貴人坐俯形:병풍 아래 있는 자기개구(紫氣開口)
龍貴則 出文官 一二品

武公端坐形:천강개구
此形龍貴則 出武官一品

將軍按釣形:金용 아래 자기 평면.
武芸將軍士師之官

童子鳴毬形:측뇌태양.

龍貴則出駙馬及王子師傅 龍賤則爲官奴婢近侍王子者

天娥織羅形:樸頭龍 아래 자기개구.

龍貴則 文顯百子千孫

玉女折花形:雙臂 자기 곁에 金水泡가 많다.

龍貴則出神人才童

天師步斗形:쌍비태양.

龍貴則出兵仙異人 龍賤則出巫覡賤人

仙人舞袖形: 쌍비자기 타탕자(拖湯者).

龍貴則富貴雙全也

仙人撫琴形: 태양 용 아래 평면자기.

龍貴則貴

胡僧拜禮形: 현유고요(懸乳孤曜).

龍貴則富貴雙全之地

帝王鋪氈形: 雲中 용 아래 평면 토성.

出豪富

漁翁撒網形:평면 태음.

出富貴

將軍角弓形:정체 금수천재.

龍眞穴正則出名武

力士揭旗形:金龍 아래 개구조화.

龍眞則出戰勝將軍

美人斂容形:개구 자기 전토.

龍貴出文官雖龍賤出文科一二人

美女抱鏡形:개구 木星龍 아래 평면 태음.
其應上同

鳳凰來儀形:몰골 金水吐舌.

鳳凰下田形:현유금수.

金鷄抱卵形:금수 三台.

金鵝浮水形:개구 금수.

飛鴈下田形:평면 금수.

鳶巢形:개구태양.

回龍顧祖形:금토 天財 開脚.

飛龍出洞形:현유 금토 천재 개각.

臥龍隱山形:몰골 금토 천재
첩지(疊指).
出淸貴

天馬嘶風形:측뇌 금수천재.
龍眞則出文武

猛虎出林形:측뇌천재.
多子孫文武貴速出

臥牛形:첩지 천재.
豪富之穴也

獅子出林形:連氣 목성 용 아래
개구소탕.
出公卿之地

牢牛飮水形:천재 몰골.

伏狗形: 현유 태음.

龍眞則出正人君子

伏兎形: 현유 태음.

穴旺則多子孫兼富貴

伏雉形: 목성 용 아래 평면燥火.

貴者難得其壽

老鼠下田形: 태음 파조(擺燥).

旺穴則多子孫富貴

靈猫抱鼠形: 궁각소탕.

速發大富之穴也

下水龜形: 소탕성 順水.

兼富貴之地然偏盛

蟠蛇形:單股 자기.
大富而有盛敗之地也

長蛇濯水形:개구 태음 轉水脚.
大富而盛敗

飛鴉形:개구 태음 轉水脚.

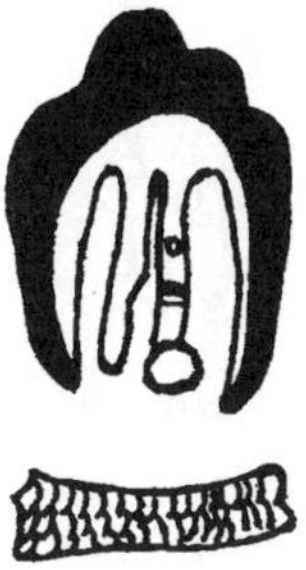

坐鵝形:높은 금수성 협목.
淸而子

鴻鵠形:높은 목성 아래
타목자(拖木者).
淸二不犯世

上水魚形:측신 소탕.
速富之穴

游魚形:평면 소탕.
有横帶水長遠富貴

海蝦弄水形:현유 태음 雙拖者.
清貴之穴

螃蟹夜游形:쌍비태음.
旺氣大多子孫豪富且清貴

蓮花出水形:금수정격 脚田邊者.
賤人爲貴之穴

荷葉出水形:평면금수 近水者.

梅花落地形:평면 금수 평지.

牧丹形:쌍비 금수.

樓船出海形:특뇌 금토 천재.

橫舟形:水木龍 분합 아래 橫落者.
富貴之穴也

金盤形:평면 금성.
先富後貴之穴也

雲橋擊盤形:평면 자기 좌우종횡자.
淸旦高極好之穴也

寶釰出匣形:평면자기.
多出芸富貴之也

金釵掛壁形
清淡

金釵落地形:개구 고요 현유 절벽상.
富貴

風吹羅帶形:상비 고요 현유상타자.

蜈蚣形:현유소탕 좌우 多短脚者.

飛蛾付壁形:정체조화 附立병풍龍者.

上帝奉朝形:현유 태양 九奉
금성帳龍 이래.

將軍大坐形:현유 천강.

제4절 재혈법(裁穴法)

형국을 알고 정혈법을 알게 되면 혈장을 찾아서 재혈을 한다.

재혈이란 혈을 마름한다는 뜻이다. 흡사 의복의 재단사가 옷을 만들기 위해 옷감을 마름하는 단계와 같다. 아무리 좋은 옷감이라도 마름을 그르치면 입을 수가 없는 것과 같이 길한 혈장에서도 재혈을 잘못하면 도리어 흉지로 변하여 복을 바랄 수 없게 된다. 지극히 중요한 마지막 단계다.

재혈하는 데 있어 고려해야 할 세 가지 중요한 원칙이 있다.

1. 득파혼효(得破混淆)

음양의 교구(交媾)를 말한다. 남과 여가 부부가 되어 한 가정을 이루어 자손을 출산하고 부부가 화락하듯이 산과 물은 음양이 교구(성적 교합이라고 알아둘 것)하여야 함은 물론이고 산은 산대로 음양의 변화가 있어야 하고 물은 물대로 왕쇠의 구별이 있어야 한다.

산수가 왕생상왕(相生相旺)하여야 하는 것이니 득수처는 생왕궁(生旺宮)이 되어야 길하고 파구처(破口處)는 쇠절궁(衰絶宮)이 되어야 한다.

유념할 것은 부부가 정을 통하는 데에는 성기의 대소 장단이 상등하여야 하는 이치와 같이 과불급이 모두 불길한 것이다. 물이 혈장을 안고 돌아가되 합법한 파구궁에 미달하면 성기의 단소함과 같으며 파구궁을 지나쳐서 감고 돈다면 마치 성기가 지나치게 장대한 것과 같으니 만족한 성교가 이루어질 수 없다. 그러므로 득파는 적절하게 형성되어야 한다.

2. 정혈당중(定穴當中)

혈은 적중하여야 한다. 생기의 결응처를 찾되 눈동자의 초점과 같이, 화경취화(火鏡取火)에 초점을 맞추는 것과 같이 아주 적은 오차도 있어서는 안 된다. 부부가 성교를 하여도 정확하게 사정이 되고 정충이 자궁 안에 상합하여야 태아가 착상하는 것과 같이 당중하지 못하면 출산은 불가능하다.

3. 윤지완급(輪之緩急)

입수맥이 급하면 기준보다 5~7치 정도 아래로 내려서 쓰고 반대로 완만하면 기준보다 5~7치 정도 위로 올려서 쓴다.

4. 재혈의 실제

이상의 재혈 삼요소를 충족시키기 위한 자세한 설명을 다음에 덧붙인다.

(1) 향수(向首=坐向)

음래양수하고 양래음수하여야 한다.

용이 양이면 혈장은 음으로 지고 용이 음이면 혈장은 양으로 진다.

다시 혈장이 양이면 음을 찾고 혈장이 음이면 양이 당중(當中)이다.

예를 들면 와겸(窩鉗)에서는 미돌처(微突處)가 있고 유돌(乳突)에는 미저처(微低處)가 있다.

이곳이 태극훈에 해당하는 곳인데 이 위치에 삼격이 있다.

혈성두(穴星頭)에서 직선으로 된 것〔直落〕과 측방에서 교차된 것〔側受〕과 회전한 후에 된 것〔回結〕이다.

다음에는 혈장이 양이면 조안(朝案)은 음이 되고 혈장이 음이면 조안은 양이 되어야 한다. 이것이 산형의 음래양수, 양래음수의 빈주상대(賓主相對)를 말함이다.

나경상으로는 입수가 음이면 음향하며 입수가 양이면 양향하여야 한다. 예컨대 자입수 신향(子入首 申向), 해입수 병향(亥入首 丙向)과 같다.

(2) 당중(當中)

승금과 순전을 이어서 척상에 종선을 긋고 다시 인목의 하단을 이어서 횡선을 그은 후에 종선과 횡선의 교차지점에 관의 하단이 닿도록 하는 것이 기준이다.

맥이 급하면 조금 내리고 맥이 평탄하면 조금 올리는 것이다.

돌불장정(突不葬頂)하고 와불장심(窩不葬心)하라는 말이 있다. 고불투살(高不鬪殺)하고 저불범냉(低不犯冷)하며 섬불이맥(閃不離脈)하면 당중이 된다.

그러나 혈토에서 차라리 아래위로는 어긋날지언정〔寧違上下〕좌우로는 안 된다〔勿錯左右〕.

(3) 방위

산과 수는 입수나 좌 또는 향의 생왕방에서 오는 것이 길하다. 향과 내수(來水)는 산을 생하여 주며 음양이 충화(沖和=짝을 이룸)하여야 길로 본다. 팔요(八曜)·황천(黃泉) 등의 흉살을 피해야 한다.

(4) 혈의 깊이(穴深)

지표면으로부터 관의 밑 부분이 닿는 곳까지의 깊이를 말한다. 측정단위는 옥척(玉尺)을 쓴다. 옥척이란 소녀의 손가락으로 계측하여 만드는 것인데 2 2 3 3 이라고 하며 음효의 수치인 2의 자승과 양효의 수치인 3의 자승으로서(2^2+3^2) 전체 길이는 13이 된다.

즉 소녀의 인지와 중지 두 손가락을 붙인 폭으로 두 번(2^2)과 인지 중지 · 약지 세 손가락을 붙인 폭으로 세 번(3^2)을 재면, 그 길이가 손가락 13개의 폭이 된다. 이것이 옥척 1자의 길이이다(곡척 8寸 정도).

13은 태극설에서 유래된 것이며 여자의 월경도 연간 13회인 점을 감안하면 짐작하는 바가 있을 것이다.

전문인은 산수를 관찰하면 정확한 혈심을 결정할 수 있지만, 초학자는 흙을 보면서 현장에서 정하는 것이 안전하다.

간단하게 설명하면 다음과 같다.

먼저 지층은 4층으로 되어 있다.

첫째층은 표토(表土)라 하여 지표면에 식물이 썩어서 된 부토이다.

둘째층은 단토(斷土)라 하여 표면과 지중을 차단하여 혈토를 보호하는 층이다. 보통은 단단하다.

셋째층은 진토(眞土)라 하여 계절에 따른 온도와 습도의 변화가 없이 생기를 보호하고 있는 층이다. 횡적으로 비유하면 선익(蟬翼)과 같은 것이다.

넷째층은 혈토(穴土: 穴四相에서의 혈토와 同語異意다)라고 한다. 생기가 모여 있는 층이니 매우 부드러우면서 불조불습(不燥不濕)하고 비석비토(非石非土)로서 온기가 있다. 수화기제(水火旣濟)의 상(狀)이니 관이 이 혈토층에 묻히도록 하면 적중한 것이다.

그런데 유의할 점은 혈심은 지나침보다는 모자라는 것이 오히려 실수가 적다는 것이다. 모자라면 기층(氣層)과 관의 거리가 멀기 때문에 발음(發蔭)이 늦고 지나치면 이미 기층을 지나

버린 꼴이 되어 승기(乘氣)를 못하게 된다.

장승생기(葬乘生氣)라 하였으니 시신은 생기의 상층에 있어야 하기 때문이다.

혈토층을 지나면 노저토(爐底土)라 하여 행기(行氣)의 아래층에 이르는데 이렇게 되면 파혈(破穴)이 된다.

(전 ②권 중 ①권 끝)

유종근(柳鍾根) 호는 수강(秀崗). 1930년 전남 담양에서 출생. 일찍이 백양사 金陀 스님에게서 불교의 가르침을 배웠고 이후 동국대를 졸업하기까지 許景九 선생에게서 한학을 이수했다. 대학 졸업 후 육군장교로 10여 년 복무 후 제대하고 木山 선생 문하에서 풍수학을 수업했다. 80년대부터 서울에서 이수학회를 조직, 풍수학을 강의하는 한편 불교대학 · 한양대 등에 출강했다. 저서로는 『풍수정설』과 역학 관련 해설서들이 있다.

최영주(崔瀅周) 1948년 강원도 동해에서 출생. 고려대 국문학과를 졸업하고 언론계에 투신, 경향신문 · 중앙일보 문화부 기자를 역임했다. 중앙일보 심의위원, 중앙일보와 중앙경제신문 · 이코노미스트 등에 풍수기사를 연재했으며, 수강 선생으로부터 풍수학을 수업하고 있다. 저서로는 수강 선생과 함께 간산한 『신한국풍수』, 문화기행 『돌의 나라 돌 이야기』, 『한국아나키스트 군상』, 『외래종교의 어제와 오늘』 등이 있다.

한국 풍수의 원리 ①

글쓴이 / 유종근 · 최영주
펴낸이 / 유재영
펴낸곳 / 동학사

1판 1쇄 / 1997년 3월 3일
1판 5쇄 / 2009년 11월 18일
출판등록 / 1987년 11월 27일 제10-149

주소 / 121-884 서울 마포구 합정동 359-19
전화 / 324-6130, 324-6131 · 팩스 / 324-6135
E-메일 | dhak1@paran.com
dhsbook@hanmail.net
홈페이지 | www.donghaksa.co.kr
www.green-home.co.kr

ISBN 89-7190-039-3 03180
ISBN 89-7190-038-5 03180(세트)